Mujer

101 Mensajes para Superarte y Ser Feliz

Escritora

Elsa O'Farrill

JÓVENES ESCRITORES LATINOS

#JEL

info@jel2014.org

Febrero 2014

Para contactar a la Escritora Elsa O'Farrill

Website: www.elsaofarrill.com
E-mail: elsamofarrill@yahoo.com
Elsa Ofarrill   exitosafeliz

Mujer

101 Mensajes

para Superarte y

Ser Feliz

Inquietudes y

sentimientos

de la mujer

del siglo

XXI

CONTENIDO

Mujer

101 Mensajes para Superarte y Ser Feliz

Conócete, cuídate y amate a ti misma

Relaciones, Intimidad y Comunicación

Valores familiares y sociales

Fortifica tu mente y tu espíritu

DEDICATORIA

Amiga:

Es verdad que no hay experiencia mejor que la vida misma y gracias a mis programas de Radio y Televisión, he tenido la oportunidad de experimentar, no solo con los acontecimientos de mi vida, sino también con la vida de mis oyentes, alumnas y amigas que, en busca de un guía, han confiado en mí sus problemas, por más de 35 años y a quienes he orientado desinteresadamente.

De ahí nació en mí el deseo de escribir este libro, con 101 mensajes, forjados de la inquietud que vive la mujer hoy en día, quienes muchas veces se encuentran confundidas, lastimadas o humilladas.

En ocasiones por problemas que uno causa y otras por las penas que el destino pone en nuestro camino, y que llegan a confundir la mente, cuando todos estos problemas y vicisitudes no se toman con la decisión y carácter debidos, o con el optimismo y psicología con que deben enfrentarse.

Es mi sincero deseo que mi libro le sirva de esparcimiento y sea una ayuda moral para un mejor futuro.

Cariñosamente,

Elsa O'Farrill

INTRODUCCIÓN

Elsa O'Farril recomienda leer cada tema, saborearlo y meditar sobre el mismo. Así podrá asimilar lo que tanto ha buscado y aprenderá y sacará experiencia de ello, en el momento oportuno. O lea de inmediato el problema que está viviendo y recibirá una fortificante lección de optimismo. Es un libro que toda mujer debe leer para darse valor y entusiasmo, para enfrentarse a situaciones de conflicto que la vida en ocasiones nos presenta, asegúrese de buscar el tema correspondiente y no dude en seguir las recomendaciones planteadas. Al leer este libro, invite a sus amigas a que lo obtengan, será un apoyo sentimental y moral al concentrarse en la diversidad de temas. Seguramente, usted será una de las miles de mujeres que buscan un cambio, un sol que Dios le mande, para que alumbre su vida. Pero recuerde que mucho depende de usted misma, para que su vida esté equilibrada y más completa que nunca.

LA MUJER DE HOY

Es de admirarse, pues, aunque en antaño, solo muy pocas mujeres se atrevían a enfrentarse a sus problemas y resolverlos, hoy en día, hay infinidad de ellas. Porque han comprendido el respeto a sí mismas que deben de tener.

Ya no es la mártir, ya no es la resignada, la que no le quedaba más remedio que llevar su cruz y aguantar humillaciones y hasta golpes y en esa forma daban una imagen falsa de lo que la mujer debía ser.

Hoy ya tienen voz y voto, gracias a la liberación femenina. Pero no lo confunda, no es libertinaje. El ser libre es lograr independencia, sin dejar de tener responsabilidades, por eso, debe de prepararse antes del matrimonio, por lo que pueda suceder, y con esposo o sin él, sacar a sus hijos adelante.

Nosotras, las de esta época, tenemos que cambiar en la educación que les damos a nuestros hijos, ya que en nuestras manos Dios nos puso esa misión.

A los hijos, actualmente, se les debe de dar la misma dedicación, tanto a las hijas como a los hijos, para acabar con ese machismo, que nos ha hecho tanto daño, y si no lo hacemos, nosotras mismas recibimos su ponzoña como el alacrán.

Si nos dejamos lastimar por el esposo o compañero, los hijos al verlo nos faltarán al respeto y repetirán lo mismo con sus futuras esposas; en nuestras manos está educar al hombre del mañana, sobre el respeto que se le debe de tener a la mujer. Nosotras tenemos cualidades únicas, en ningún aspecto inferior al hombre, Joan Smith, inglesa, fue la primera mujer que logró la liberación y el voto. Ella misma pidió que cuando muriera, en su sepulcro, le pusieran: "Nació mujer, murió persona". Ser mujer es saber conquistar al hombre y mantenerlo enamorado.

-Ser mujer es enfrentarse a las circunstancias que la acomplejan y humillan y tomar decisiones para evitarlas.

-Ser mujer es amar a sus hijos y no perder la dignidad ante uno mismo.

-Ser mujer, es un reto que debemos superar con inteligencia, demostrando nuestra capacidad y colaborando en el hogar.

-Ser mujer es sentirse realizada al tener el derecho de luchar, por lo que se propone, por sus ideales sin desfallecer.

-Ser mujer es no darse por vencida ante un divorcio, viudez, ante la muerte de un hijo o la pérdida de un empleo, sino seguir adelante encomendándonos a Dios.

-Ser mujer es reconocer los errores, saber pedir perdón y perdonar sin rencor.

¿QUÉ ES LA PERSONALIDAD?

Por muchos años me he dedicado a dar cursos de personalidad y belleza. Pero ¿qué es la personalidad? Se puede definir a la personalidad, como la suma total de las características físicas, mentales y morales del individuo. La personalidad es el resultado de la herencia y del medio ambiente. Mucha gente piensa que ciertas características adquiridas son innatas, por lo que está confundiendo "causa y efecto". Un niño hereda muchas cosas, como: Color de la piel, estructura ósea, color de los ojos, del cabello, sensibilidad.

Aun así, definir la personalidad es muy difícil, ya que se trata de algo intangible. Cada una de nosotras, posee su propia personalidad, la cual se compone de muchos factores, como: La salud física, la presencia, el temperamento, el carácter, las aptitudes, la herencia, así como las ideas, vivencias y experiencias adquiridas en el curso de la vida, todo esto se conjunta y se manifiesta como un todo en una sola persona. De esta manera, todo un grupo de características y actitudes se unen y se proyectan de manera diferente, como una fórmula única e irrepetible en cada individuo en particular.

En pocas palabras, personalidad es tener seguridad en sí misma, ser en todo momento natural, con el aplomo necesario para resolver cualquier problema y valor civil para reconocer las faltas. Sin embargo, otras características como el control de sí mismo, disciplina, cortesía, puntualidad y creatividad, pueden desarrollarse o restringirse de acuerdo al

14

ambiente en que se vive y la educación que se recibe. La personalidad va cambiando, las buenas o malas influencias que recibimos muchas veces modifican nuestro comportamiento, actividades o hábitos.

Toda persona tiene algo único y propio que la distingue de los demás, el descubrirlo y desarrollarlo con todas las facetas del carácter contribuye a forjar la personalidad positiva. La verdad es que la personalidad se basa más en factores morales y espirituales que los de índole física e intelectual. Es frecuente oír: "Lo siento, pero así soy yo", tratando de disculpar defectos que pueden eliminarse, como arranques de ira, faltas de consideración, educación y respeto hacia sus semejantes.

Esta actitud se presenta en personas narcisistas, con un terrible ego, que al no sentirse admirados por los demás, desarrollan un terrible desorden de personalidad, el cual hace difícil, tanto la vida de su familia como de ellos mismos. Si deseamos tener una bonita personalidad, podemos recurrir a libros sobre relaciones humanas, seminarios de motivación personal, grupos de apoyo, cursos de superación espiritual, en fin, hay infinidad de opciones. Una frase de superación personal es: "Hay que eliminar los motivos que nos hacen fracasar", y para que lo consigas, necesitas saber que tales impedimentos existen en ti y que eres capaz de hacerlos desaparecer.

¡VIVE PARA TI!

Como mujeres, desde que empezamos a crecer, nos enseñan a atender a los demás. ¿Pero hasta cuándo? No se confunda, ni sienta remordimientos. Vivir para uno misma, no es ser egoísta. Vivir para uno es hacer lo que realmente deseamos y que nos produce gran satisfacción.

¿Cuántas veces actuamos de tal manera, solo para impresionar a nuestro prójimo? Aunque a nosotros, en lo personal, no nos produzca ningún bienestar. Sin embargo, primero tenemos que pensar en los hijos, el esposo, las amistades. Le propongo un reto: Piense... ¿Qué le gustaría hacer, a dónde ha soñado ir, con quién le entusiasma salir, a quién quiere conocer? ¿Ya tiene las respuestas?

Pues.. ¡Adelante! A vivir, a hacer lo que nos hace sentir felices, sin considerar lo que otros piensen. No le importe el "qué dirán", deshágase de esos complejos que le impiden ser independiente, libre, sin ataduras. En su camino a la libertad, encontrará muchos obstáculos, gente envidiosa que sigue y seguirá con su vida rutinaria que los ha convertido en autómatas. La criticarán, le enviarán malas vibras, no le perdonarán que se haya decidido a vivir. Pero usted no haga caso, siempre que actúe con moral y educación no tiene nada que temer. Y sí tendrá mucho que agradecerle a la vida.

Y si alguna vez, algún plan no le sale bien, pues, ni modo, a volver a intentarlo que ya saldrá como lo planeó. Una vez mi padre me dijo: "Los grandes hombres, se hicieron de los grandes fracasos". Porque conocemos el motivo de la falla y hay que intentar de nuevo, todo en la vida son experiencias. Edison, Ford, Madam Curie, Dr. Pasteur, Franklin, entre muchos otros, no desistieron en sus intentos y gracias a ellos tenemos tantas cosas, vivimos tan cómodamente.

Comúnmente, nos preocupa "el qué dirán", por favor que no le importe lo que otros piensan, quizás ni prestan atención y usted limita su vida. Para mi fortuna, ese fue uno de los primeros complejos que deseche de mi vida, y hasta salió en un periódico en Puebla, pero actualmente se perfectamente de lo que me hubiera perdido si ese complejo lo hubiera conservado. La invito a vivir plenamente su vida con sus propias decisiones y si la gente se sigue metiendo en su vida, recuérdales este viejo refrán: "El que dé el consejo, que dé el dinero" Con paciencia, carácter, conocimiento y entusiasmo se llega a donde uno desea. ¡Adelante, amiga!

¿CUÁLES SON SUS METAS?

Creo definitivamente que toda persona tiene una razón y un motivo para vivir, nadie viene de balde; también creo que el Creador nos ha dado entendimiento y facultades para lograr algo en lo que nos gusta desarrollarnos y se nos facilita. Eso se llama vocación, y una vez descubierta, uno necesita fijarse metas.

Toda persona tiene que ponerse metas. Una meta es más que un deseo, es más que un propósito. Lograr una meta, es algo específico y concreto. ¿Cuáles son sus metas? ¿Qué quiere tener? ¿Qué quiere hacer? ¿Qué quiere ser?

He aquí, tres preguntas que deberíamos hacernos y contestar con claridad. Si sabemos lo que queremos, trataremos a toda costa de lograrlo. Si conocemos lo que deseamos tener, trataremos de obtenerlo. Si sabemos lo que deseamos llegar a ser, estudiaremos la forma y pidiéndole a Dios que nos ayude, lo realizaremos.

Anote sus metas. Piense cómo lograrlas, no se desanime si no alcanza sus objetivos de inmediato. He oído decir que lo valioso cuesta, lo fino hay que trabajarlo, lo verdadero hay que descubrirlo. Si llega a obtener lo deseado, no se detenga, avance y fíjese una nueva meta. Siempre hay algo nuevo, siempre hay algo mejor.

En esta época no hay limitaciones, solamente las que uno se ponga. ¿Por qué eres mujer? Por favor, sería largo enumerar las mujeres triunfadoras a través de la historia. Trace sus planes para conseguir lo que anhela, asegúrese de que sus metas sean dignas y valiosas. ¡Querer es poder! O mejor aún... ¡Querer es prepararse para poder, es proponerse a lograr sus propósitos! No desvíe su vista, siga paso a paso, adelante día por día y verá que, con perseverancia y fe, llegará a donde usted decida. Así lo hice yo. ¿Usted por qué no?

Evite tratar con personas negativas, hay quienes no les gusta que las personas tengan sueños, ilusiones y tratan por todos los medios de atacar, porque dicen que un amigo puede compartir tus penas, pero que difícil es compartir tus triunfos.

Cuando se logra una meta por pequeña que sea, se siente uno muy satisfecho. Como un hijo mío, cuando era pequeño, un vecinito siempre lo molestaba, le tenía miedo, y un día vino feliz y me dijo: "Mamá, peleamos y lo tiré", le dije: "Te felicito, lograste tu propósito". Desde ese día el chiquillo no lo volvió a molestar. Eso era una meta para él.

La buena actitud es fundamental, y esto unido a un comportamiento positivo y don de gentes, no tardará en darse cuenta de que las buenas vibras estarán siempre a su lado, para poder alcanzar sus metas lo antes posible.

ATRÉVASE A CAMBIAR

Uno de los puntos que trató con mucho interés son los cambios. Yo sé que les tenemos mucho miedo, nos acomoda más lo que es ya conocido y familiar que lo desconocido, pero muy adentro de nosotras, cuando estamos abrumadas con la misma vida y que no progresamos, queremos cambiar, por supuesto a algo positivo, tanto en nuestras aptitudes, como en nuestros hábitos.

Y no hay nadie más que nosotras mismas las que tenemos que proponernos a cambiar. Todas tenemos alguna insatisfacción, algunas deseamos mejorar nuestra figura, cambiar nuestro peinado, experimentar un nuevo maquillaje, un nuevo estilo de ropa, vernos nuevas, renovadas. Es muy importante también, cambiar internamente, ser más positivas, ver la vida de otra manera. Tenemos que cambiar los conceptos a los que hemos estado aferradas y estudiar la posibilidad de establecer innovaciones, tanto en nuestro trabajo como en nuestra personalidad y vida privada. Cambiar la forma de pensar, sobre todo con los complejos que no nos dejan vivir, como problemas psicológicos, que no nos importe el qué dirán, que no seamos tímidas, indecisas, que no suframos de complejo de inferioridad, que tengamos amplitud de criterio, que no juzguemos a las personas. Nos han educado en pensar y darles gusto a otras personas, que equivocación tan grande. "La caridad empieza por la casa". Que con naturalidad tratemos a todos, que tengamos valor y decisión para lograr lo que nos proponemos. Hay que tener valor y fuerza de voluntad, que no lleguemos a decir, como tantos ancianos, "Si yo hubiera..." Tratemos de desechar los miedos, como a la soledad, a las enfermedades, a la vejez. Que aprendamos a dirigir nuestra vida, que tengamos valor para enfrentarnos a los problemas.

Si quiere cambiar, acabe con el conformismo y actúe con decisión. Eso es a lo que yo me dedico en mis seminarios. Al cambiar nuestra actitud hacia la vida, la vida cambiará para nosotras. La persona conformista se autolimita, no ambiciona mejorar, está estancado, cree que no merece una vida mejor y se amarga la existencia. Está esperando que el cambio llegue del cielo o se saque la lotería y su vida cae en la rutina y en la monotonía. Tengo una amiga que siempre me decía: "A mí no me pasa nada, siempre igual y a ti cuántas cosas te suceden". Le decía: "Trata de que te pasen, mejora tu vida, ocúpate, hay tantas cosas que hacer, verás que el aburrimiento se te quita".

Vivimos en la cultura de los logros, de la actividad permanente. Si no está complacida con lo que hace, si tiene problemas con su trabajo y piensa que en otro empleo podría sentirse más satisfecha, adelante, atrévase a cambiar, planear a futuro, evaluar la situación, no significa que viva concentrada en su insatisfacción personal, sino que es una señal de que ha llegado el momento de implementar un cambio en su vida. El solo hecho de ya haberlo pensado, es una manera de cambiar.

LOGRE HACER LO QUE LE GUSTE

Trabaje en lo que le guste hacer, no desperdicie su talento en algo que no le agrada, esforzándose en conseguir la aprobación de todos cuando usted no está a gusto. La comodidad y el miedo a correr riesgos, pueden llevarla a una vida atada a un empleo o profesión que no están hechos para usted.

Si continúa así, se encontrará siempre en una posición secundaria que no es de su agrado. Evite hacer lo que no le gusta, no asista a reuniones sociales que le desagraden y deje de salir con hombres que no le interesan; busque otras alternativas que sean más satisfactorias y eso le ayudará a descubrir de lo que usted es capaz.

La gente que destaca, con frecuencia ha seguido el ejemplo de quienes ya han triunfado. Le repito, si trabaja en algo que no le satisface, pero por necesidad sigue ahí, no lo deje, pero puede prepararse unas cuatro horas diarias en lo que le guste y cuando ya se sienta apta, deje su empleo y empiece una nueva vida. En el terreno sentimental, si no le convence su novio o amigo y no formalizan, no pierda su tiempo, busque una nueva pareja, pues, aunque parezca que no hay hombres disponibles, sí que los hay y están esperando por usted.

Cambie de ambiente, más vale tener un pequeño departamento en una buena área, que una elegante casa en un barrio peligroso, en donde sus relaciones son mediocres. Esto es muy importante, pues del lugar donde uno vive o trabaja, depende mucho nuestra vida social. Tenemos también que cambiar los conceptos a los que hemos de estar aferrado y estudiar la posibilidad de establecer innovaciones, tanto en nuestro trabajo, como en nuestra personalidad. Si hace lo que le gusta, va a ser una persona alegre, que es como un imán que atrae a todo el mundo. Piense en las palabras de Santa Teresa de Jesús: "La tristeza y la melancolía, fuera de la casa mía".

Una persona triste, apagada, es un ser que demuestra amargura y pesimismo. Demuestre el gusto de vivir, con una bella sonrisa, que la hará verse divina. Propóngase, atrévase a cambiar y eso le brindará muchas satisfacciones, su futuro está en sus manos.

Tenga presente que pasará por muchos obstáculos, muchas personas la animarán, otras la criticarán, a veces el camino parecerá cuesta arriba, es cuando tendrá que poner más de su esfuerzo para llegar a la meta trazada, pero el que porfía, mata venado, no se desanime.

Pero pase lo que pase a lo largo del camino, lo que verdaderamente importa, es que usted eligió esa vida y que mientras funcione plenamente como persona digna de confianza y admiración, no tendrá absolutamente nada de que arrepentirse y estará usted preparada para cualquier situación que la vida le presente, gracias a la confianza que tiene en sí misma.

ACÉPTESE TAL Y COMO ES

Le aconsejo que sepa aceptarse tal y como es usted. Las personas que se sienten a gusto consigo mismas, han aprendido a aceptar sus debilidades. Si este no es su caso, ya es hora de que lo sea.

No se autocensure, como, por ejemplo: estar un poco subida de peso y le encanta la pizza, no se odie cuando se coma una, eso no quiere decir que debe dejarse llevar por todos sus deseos, pero sí que debe hacer un esfuerzo por aceptar la vida con un poco de sentido del humor.

Si tuvo una discusión con su jefe, perdió las llaves de su auto o sus lentes, deje de reprochárselo y tómelo en forma humorística, así dejará de criticar sus errores y podrá dedicarse a otra actividad más útil, que le guste y pueda desarrollar.

El hecho de que una persona se sienta bien consigo misma, no depende de otra persona, es algo muy personal. Comenta al respecto el Dr. Romero Higgins, psicoanalista, que por veinte años se ha dedicado al estudio del comportamiento humano. Sobre lo cual, yo estoy absolutamente de acuerdo.

"La mujer tiene una serie de conflictos internos tan, pero tan complicados, que le impiden realizarse, ya sea como soltera, casada, viuda o divorciada". ¿Esto quiere decir que es imposible llegar a un estado de dicha total compartida? ¡Claro que no! La felicidad agrega el doctor, no proviene del exterior y nadie, ni nada, nos la puede proporcionar. Desde que nacemos nos hacen creer que "alguien" nos va a hacer feliz, y esta es la trampa más grande de la historia... ¡Porque la felicidad la traemos dentro!"

Así pues, dese a la tarea de buscar la felicidad por usted misma y no tiene que esperar mucho, pues solo abriendo su corazón a Dios, nuestro Señor, muy pronto la encontrará, pues con ayuda de Él mejoramos día a día.

No cuente con su esposo o sus hijos para ser feliz, muchas mujeres se sacrifican por ellos y no obtienen absolutamente nada; piense que la persona más importante del mundo es usted y consiéntase, ámese, dese esos gustos que siempre soñó y le puedo asegurar que empezará a ser feliz muy pronto.

Si su familia la ve con ilusión de vivir, la respetarán más y empezarán a admirar su alegría por la vida. Aunque no lo crea, cuando alguien decide hacer lo que quiere, se siente uno más cerca de Dios, pues Él quiere vernos contentos. Busque y encontrará razones para sentirse bien, para agradecer, para reafirmar buenos sentimientos.

ANALICE SUS DEFECTOS

Si pasa de los 30 años y no se ha casado, póngase a analizar la situación, trate de encontrar los motivos por los que no ha encontrado marido. ¿Exige demasiado de los hombres, siente que no se la merece, se entrega sin valorizarse, su aspecto es muy vulgar, sus ademanes, su risa, su vocabulario no son aceptables?

¿Cuál ha sido su defecto? ¿Cuándo sale con un hombre.? ¿es criticona, enseguida le pregunta cuánto gana, lo quiere manipular, es demasiado melosa, habla demasiado o casi no habla, se hace la importante, fuma usted, baila vulgarmente, bebe demasiado, es celosa, le exige lujos, no le gustan sus hobbies? Demasiadas preguntas, busque usted misma las respuestas.

Hay mujeres que espantan a los hombres. La experiencia demuestra que cuando una mujer pasa de cierta edad y todavía es soltera es porque algo falla en ella. Preste atención a esto y corrija todo lo que le digo. De otro modo, aunque usted salga cada fin de semana con un hombre distinto, no logrará una relación duradera con ninguno. En una ocasión se hizo una encuesta entre los hombres, sobre ¿qué tipo de mujer preferían? Y como en gustos, se rompen géneros, no se podían decidir. En lo único en que sí estuvieron de acuerdo, fue en que deseaban tener una bonita, jovial, alegre y discreta expresión. Por lo tanto, el hombre sí admira la belleza, pero prefiere a una mujer que no lo ponga en mal ante la sociedad. El problema es muy serio, pues hay mujeres que no se dan cuenta de que alejan a los galanes con su comportamiento o su apariencia personal. Y pasan los años y ven cómo sus amigas, sus primas, sus vecinas, contraen matrimonio, y ellas ilusionadas tratan de ser las próximas novias y todo queda en una bella y triste fantasía. Aunque algunas mujeres muy liberadas se jactan de ser "felizmente solteras", en realidad, sueñan con ser amas de casa y tener un matrimonio común y corriente. A otras se les nota la desesperación por casarse y van de una relación a otra sin formalizar con ningún hombre.

Hay del tipo que proclama que mientras no llegue el "príncipe azul" no se casarán. Debo decirles que no sean ilusas, pues ya no hay hombres así, seamos sinceras, no existe el hombre perfecto. ¡Aunque hay algunos bastante aceptables!. Trate primero de establecer una amistad, la petición de matrimonio vendrá por sí sola, si es que se entienden; y si no fuera así, pues a otro hombre, amiga, nadie se muere de amor, no se empeñe en que la quieran... ¡Siga intentándolo! La esperanza es la última que muere y, recuerde: "La que persevera, alcanza".

Algunos hombres son alérgicos al matrimonio, por eso, es conveniente que no hable del asunto, es preferible tener un grupo de amigos y salir con ellos, que aferrarse a uno solo y no darse la oportunidad de pasar mejores momentos en grupo.

EL PROCESO DE ADAPTACIÓN

El adaptarse lleva un proceso de tiempo, donde en primer lugar, se necesita mucha paciencia, para ese cambio que la vida nos da o que por nuestra cuenta deseamos hacerlo, siempre con la idea de mejorar.

Sin embargo, nosotros conocemos a individuos que fácilmente se adaptan a cambios, este tipo de personas son los que piensan los pros y contras de la situación y, al decidirse, ponen todo lo que está de su parte en no cambiar de opinión, poniéndole todas las ganas a dicha empresa, sin tener otra alternativa que seguir adelante. Cómo hizo Hernán Cortez, que mandó quemar sus barcos, en la conquista de México, asumiendo que no daría marcha atrás.

Las personas con poder de adaptación triunfan con menor esfuerzo, porque están seguros de lo que quieren, luchan y al no darse por vencidos, logran sus objetivos.

Las personas inadaptadas cambian de parecer fácilmente, son inestables, sobre todo en el trabajo, les lleva tiempo y se rinden fácilmente. No tienen iniciativa propia, se dejan llevar por consejos que no están de acuerdo con su voluntad.

Tengo una prima que sus hermanas le decían: "Sepárate de tu marido", lo dejaba; su mamá intervenía: "Regresa, pídele perdón", regresaba. Tres veces lo hizo, hasta que el marido se cansó y la abandonó. Todo por su falta de criterio y seguridad en sí misma.

El criterio es el que nos ayuda a resolver los problemas y superar grandes obstáculos, grandes conflictos se han resuelto con los consejos de personas con amplio criterio. Hay un bello pensamiento que dice: "Señor. Dame la capacidad de cambiar lo que pueda ser cambiado, de aceptar lo irremediable y la sabiduría para poder distinguir entre estas dos situaciones." La vida es de aceptaciones al trabajo, al esposo, a los hijos, a ser madre. A los cambios que nos obligan las circunstancias específicas, para facilitar la convivencia, mostrando y usando un criterio propio que nos permite cambiar cuando sea necesario.

Aunque, también tenemos que saber hasta dónde podemos llegar y si realmente ese es el camino correcto. El enojo y la frustración que viene con los cambios no conducen a nada positivo. Es mejor ceder, en ocasiones, que empecinarse ciegamente y salir con nuestro capricho, cueste lo que cueste. Y si comprendemos que no hemos llegado a nuestra meta, siempre hay otra puerta que se nos puede abrir y ahí tendremos otra oportunidad y al mismo tiempo obtendremos experiencia. Nunca se es demasiado viejo ni demasiado sabio, pero usando un poco de sentido común y paciencia, se puede alcanzar el bienestar personal y familiar.

EL COMPLEJO DE INFERIORIDAD

¿Cómo vencer ese terrible complejo? No es nada fácil, amiga. Tengo varios ejemplos para ilustrar este tema. El macho agresivo que pretende saberlo todo, que discute y se limita a dar órdenes, no es más que un ser que se siente inferior, tratando a toda costa de probar lo contrario.

Muchas veces tratamos de esconder nuestros sentimientos de inferioridad, con razones y explicaciones perfectamente ilógicas y falsas, para excusar nuestro comportamiento ante los demás y, sobre todo, ante nosotras mismas, ejemplo:

La gorda glotona que se niega a ponerse a dieta o ir al médico. Las poco agraciadas que esconden su fealdad en su mal humor o despotismo. Las tímidas que se niegan a ir a bailes, aunque lo deseen, por temor a que no las inviten a bailar. Las que se acomplejan por sentirse viejas. Las que tienen bajos ingresos y tratan de aparentar riqueza. Las altas, bajas, delgadas, con poco o mucho busto, pero siempre inconformes... Bienvenidas al "Club de las Acomplejadas".

El caso es que siempre encuentran algo con lo cual estar inconformes, estas personas deberían darle todos los días gracias a Dios por estar sanas. Les sugiero que vayan a algún hospital, a ver si se cambiarían por uno de los enfermos graves, estos seres que verdaderamente están sufriendo. Un común y aburrido invento de estas personas inseguras e inmaduras es menospreciarse a sí mismos, para que uno los contradiga, hasta que un día surge alguien que les da la razón y entonces... ¡Cuidado! ¿Cuáles son los consejos para curar el complejo de inferioridad? Reconocer nuestras debilidades, ya que no ganamos nada engañándonos a nosotros mismos.

-Supere sus defectos hasta donde sea posible, esto la colocará en el camino del triunfo.

-Si no puede vencer un obstáculo. ¡Ignórelo!

-Desarrolle sus aspectos positivos, todos tenemos talentos especiales.

-Sea positiva en la vida, deseche todo lo negativo, los pensamientos, las acciones. No permita que la depresión la controle, pues eso no conduce a nada.

Alegría conlleva alegría. Reencuéntrese con la vida, que es una bendición el estar viva y con salud y no vuelva a sentirse acomplejada. Valore su cuerpo, aprecie su espíritu, trate de que su vida interior y su vida exterior se fusionen y se conviertan en una sola. Su belleza exterior florecerá a medida que se convierta en una persona más sana y aprenda a aceptarse mejor. Y cuanto mejor se sienta y mejor sea su aspecto, tanto mayor será su belleza interior.

NO SE ACOMPLEJE

¿No le gusta que la critiquen, tiene miedo a presentarse en público, se cree fea, se siente incapaz de relacionarse socialmente? Muy probablemente esto se deba a una gran inseguridad personal. A la incapacidad de aceptar que no es perfecta, también es posible que usted se haya trazado metas irrealizables.

Sea lo que sea, es una emoción que tiene que vencer, pues sino lo hace, puede llegar a paralizarla completamente, ¿Y quién quiere sufrir de parálisis emocional? No deje que las críticas la destruyan, aprenda a enfrentarse a situaciones tensas en forma positiva, ¿Cómo hacerlo? ¡Con tranquilidad!

Recuerde que hay críticas positivas, que pueden ayudarle a desarrollar su potencialidad, tenga la habilidad de admitirlo. Aprenda a reconocer las destructivas y enfrentarse a ellas, no se acobarde, contéstelas con inteligencia y honestidad. Para mí no existen mujeres feas, sino mal arregladas, la auténtica belleza no existe, pues hay diferentes gustos, lo importante es transmitir una bella sonrisa, una mirada, un bonito tono de voz. El saber estrechar una mano, el uso de un delicado perfume.

Aprenda a darle un buen porte a su figura, observe a las modelos, aunque algunas no son tan bonitas, su manera de caminar es perfecta, les da gracia y elegancia. En los concursos de belleza, es de primordial importancia el modelaje en pasarela. ¿Se ve en el espejo y no le gusta la imagen ahí reflejada? Probablemente se sienta el patito feo de la casa, pero cuando Ud. se decida se puede convertir en un lindo y maravilloso cisne. ¿Sabe el porqué del dicho? "La suerte de las feas, las bonitas la desean", porque las mujeres que se saben hermosas, se duermen en sus laureles y creen que con sólo su belleza van a conquistar y se convierten en pedantes y presumidas y sí, efectivamente, a los hombres les gusta lucirlas, pero con el tiempo, por vanidosas, las abandonan, pues se aburren de ellas, a muchos otros, les da miedo acercarse.

Las mujeres que no se saben atractivas, pulen su yo interno, se preparan, son simpáticas, agradables, aprender a saber lo que les queda, lo que les va bien y eso les da seguridad, el hombre no siente temor al conocerlas y con inteligencia y carisma los conquistan.

Si usted no es agraciada, busque por todos los medios ser encantadora, pues eso le brindará una agradabilísima personalidad y brillará en toda situación. Llame positivamente la atención de los demás, a través de un buen comportamiento, salpicado de ingenio, simpatía, amabilidad. No se cohíba, haga a un lado la poca o mucha timidez que ha venido arrastrando desde siempre y descubra ese yo interior que la hará diferente a los demás.

RESPÉTESE A SÍ MISMA

¿Cómo lograr que los demás la traten como usted desea? Si se siente resentida por la forma cómo la están tratando, comience por analizar usted su propio comportamiento. ¿Pregúntese a sí misma, por qué he permitido que me traten así? ¿Qué ha motivado que suceda esto? Lo fundamental es reconocer que usted es la responsable de la manera que la tratan los demás.

Si no empezamos por ese punto, seguirá quejándose, en vano, el resto de su vida. Reconozca que la culpa ha sido suya por haber aceptado hasta hoy el papel de víctima. ¡Cambie! Practique la costumbre de reaccionar con sus actitudes, no solamente con sus protestas.

No cargue con las responsabilidades de otros, no se siente a esperar que la situación cambie o mejore y practique este método con todo el mundo. Lo que no cambia, se queda igual y lo que es peor, cada vez le faltan más al respeto.

Lo primero que tiene que hacer, si se siente como en un callejón sin salida y abatida por el dolor, es decidirse a no aceptar el maltrato. Nadie tiene derecho a hacernos daño, estamos en un país en donde hay un gran respeto a los derechos humanos, sobre todo para la mujer. Y nadie puede tener control sobre nuestra persona, más que nosotras mismas y piense que Dios nos dio ese libre albedrío para decidir nuestra propia vida. No puede vivir aceptando cosas fuera de su voluntad. Aprenda a pasar por un filtro lo que dicen los demás. Y tome solo lo que le convenga. Si su matrimonio está en problemas, pueden recurrir a templos o iglesias en donde hay encuentros matrimoniales, probablemente encuentren solución a sus conflictos, pero eso sí, es sumamente importante que vayan los dos, asistiendo usted sola no arreglaría nada. La mayoría de los hombres, siempre encuentran excusas para no concurrir a esos lugares, dicen que no lo necesitan, pero insista con delicadeza y lo logrará.

El tiempo será su mejor aliado, y con los años, se dirá a usted misma, ¿Cómo es posible que haya podido soportar ese infierno tantos años? Recuerde esta frase: "Para triunfar en la vida, hay que quitarnos los motivos que nos hacen fracasar".

Recapacite, piense que es aquello que la perjudica, que no funciona o que no le ayuda a llenar su vida de amor, haga un balance y trate de prescindir de eso que la atormenta, no es posible que saquemos de golpe todo, pero poco a poco, podremos analizar la situación. No se sienta comprometida con personas que le han hecho daño, si ellos no se incomodan, ¿Por qué usted? Hoy mismo empiece a pensar en un renacimiento, una nueva vida, sin problemas emocionales de ningún tipo, podrá necesitar meses o años para ver resultados, pero lo importante es dar el primer paso.

APRENDA A DECIR "NO"

No es fácil decir no, pero cada día tenemos que librar una batalla. Cada amanecer tenemos que tomar decisiones, y todos los días vamos a luchar para lograr algo mejor. El hombre tiene muchos enemigos, pero generalmente su peor enemigo, es él mismo.

Debemos de empezar por vencer a nuestro yo negativo, al yo cobarde y menospreciado, ya que, por no pelear y llevar la fiesta en paz, nos vamos debilitando, y dejamos que otros nos tomen ventaja y llegan a dominarnos tanto que nos convertimos en harapos.

Si quiere que la respeten, no cargue con la responsabilidad de otros, si otros miembros de su familia no cumplen con sus deberes en el hogar y usted tiene la tendencia de quedarse hasta el final, para terminar, haciendo todo por ellos, es usted quien les ha enseñado esas malas mañas. ¿No cree que ya es tiempo de enseñarles lo contrario? Haga lo que a usted le corresponde y lo demás déjelo sin hacer, no se siente a esperar que la situación cambie o mejore, simplemente actúe.

Aprenda a decir NO, un no enérgico y la vida empezará a cambiar para usted y para su familia. ¿De dónde cree que nació el dicho? "El valiente vive, hasta que el cobarde quiere" Cuando el cobarde al fin dijo ¡No! al valiente no le quedó más remedio que modificar su conducta, para bien, pues el cobarde ya no consentiría más abusos. Les compartiré una historia: Había una vez... Cuatro personas. Sus nombres eran: "Todos, Alguien, Nadie y Cualquiera". Cuando había algún importante trabajo que hacer, "Todos" estaban seguros de que "Alguien" lo haría... "Cualquiera" podría haberlo hecho, pero… "Nadie" lo hizo.

Cuando "Nadie" lo hizo, todos se enojaron porque era el trabajo de "Cualquiera". "Todos" pensaron que "Alguien" lo haría, pero "Nadie" se imaginó que "Nadie" lo haría. Por consecuencia, "Todos" culparon a "Alguien" cuando "Nadie" hizo lo que "Cualquiera" podría haber hecho desde el principio.

(Seguramente, esto habrá pasado infinidad de ocasiones en su propio hogar). Si usted espera que los otros cambien, no tenga mucha confianza en que eso suceda, ya que ellos posiblemente seguirán con sus malos hábitos, tratándola cada vez peor. Enséñelos a tratarla como usted se merece.

Delegue responsabilidades, establezca reglas disciplinarias, niegue permisos si no cumplen y, un consejo, APRENDA A DECIR NO, aunque le cueste trabajo. Esta palabra es la más efectiva del diccionario; para hacer valer su voluntad olvídese de: "Quizás, Pero, Bueno, Déjame pensarlo". No le tenga miedo al NO rotundo, que es lo que a la gente no le agrada, pero entiende mejor.

UNA ACCIÓN VALE MÁS QUE MIL PALABRAS

Recuerde que el mensaje no está en las palabras que diga, sino en la forma de comportarse. Las palabras se las lleva el aire, son las acciones las que nos ayudan. Si usted se involucra en una larga discusión, es posible que su interlocutor, termine dándole la razón, táctica que utilizan los manipuladores para calmar y hacer callar a sus víctimas.

La lección más efectiva en su forma de actuar, cuando usted trate de explicarle a alguien cómo desea ser tratada, pregúntese a sí misma: ¿Qué resultado voy a sacar de esta conversación? Si la discusión es con sus hijos, ¿se ha fijado, que les entra por un oído y les sale por el otro? Si es con su marido, ¿acaso no sigue haciendo lo mismo que usted le ha venido objetando desde hace tiempo?

Recuerde esta frase: "Una acción vale más que mil palabras". Muchas mujeres me dicen: "Elsa, le pongo su ropa en la puerta y no se va". Claro que no se va, si ahí tiene casa, comida y mujer. Consulte a un abogado y verá que sí se va, o llame a la policía. Véase ante un espejo. ¿Qué de verdad, se siente con tan poca estimación hacia su persona? Si no cree que se merece ese trato ¿Por qué lo soporta? ¡No nacimos para ser esclavas! Se cuenta que un perro se estaba quejando y quejando, echado junto al amo, llegó un amigo y le dijo:

- "¿Por qué se queja tanto tu perro?

- Porque está echado encima de un clavo.

- ¿Y por qué no se quita?

- ¡Porque no le ha dolido lo suficiente!".

Así pasa con algunas mujeres, no actúan hasta que les duele demasiado y cuando ya no pueden aguantar más la situación. Si usted cree que ya ha llegado al límite, actúe, pero de verdad, con carácter, no permita que sus hijos le griten, no fomente el abuso de su esposo contra usted.

Ahora, que si Ud. es masoquista, no se queje y acepte esta situación el resto de su vida. Dicen que: "El que por su gusto muere, hasta la muerte lo sabe", pero recuerde que Dios no nos mandó a sufrir, sino a disfrutar de la vida que es tan bella. Por sus hijos y por usted misma, respétese y sea feliz. A menudo uno siente que ya no hay nada que hacer, que es parte de una familia disfuncional, pero no se desespere, siempre hay algo qué hacer, actúe y trate de vivir en armonía con cada uno de los miembros de su familia. Qué bello es tener una reunión familiar, en donde todos traten de agradar a los demás, sin reproches, sin intrigas, sin envidias, en donde, con calma, los conflictos se resuelvan amigablemente, pues todo es posible, en donde el amor impera.

CUIDADO CON EL ESTRÉS

La mujer actualmente pasa por retos muy difíciles: Estudiar, trabajar, casarse, tener hijos, sacarlos adelante; al mismo tiempo, cuidar al marido, para que nos ame, nos trate bien, sea buen padre, responsable y no nos cambie por otra. Realmente es una vida muy complicada y nos puede atacar el estrés o lo que es peor, la depresión. Ahora, si descuidamos la figura y nuestro arreglo personal, resulta desastroso, pues nuestra moral se va por los suelos. ¿Qué podemos hacer?

En primer lugar, amarse a sí misma, elevar su autoestima, levantar ese estado de ánimo. ¿Cómo? La invito a tomar un curso de personalidad.   La embellecemos y la preparamos socialmente.   Aprenda   a   ser   físicamente   hermosa, mentalmente preparada y espiritualmente fuerte.

Está ampliamente comprobado que la monotonía, el exceso de trabajo, el trato con los hijos y marido es un gran paquete y si la mujer pierde el entusiasmo y amor a la vida y está constantemente de mal humor, afecta directamente a la unión familiar. Del estrés a la depresión hay solo un paso, si sufre de insomnio, si se vuelve muy irritable, si cada día se le hace más difícil soportar las tareas diarias o el tráfico, procure controlar esos síntomas, recurra a la medicina natural, siempre es mejor tratar de controlarse con algunos tés, que empezar a tomar medicamentos. Desgraciadamente, la mujer actual que es ama de casa y al mismo tiempo trabaja fuera, es muchas veces incomprendida, no valoran lo que hace, por eso es importante que se proteja. Primero: Estudié para prepararse intelectualmente y no depender del marido. Segundo: Cásese, no solo por amor, busque también su conveniencia económica. Tercero: No se llene de hijos, uno o dos máximos.

Sea una buena madre, pero al mismo tiempo estudié, prepárese, busque empleo, ayude en los gastos, demuéstrele a su marido que puede salir adelante por sí misma y que vive con él porque lo quiere, no porque lo necesite. Sea cariñosa, pero no melosa. No deje de arreglarse, eso ayuda a levantar el ánimo y él al presentarla se sentirá orgulloso de usted. Y eso, amiga, le demostrará que usted es una gran mujer en todos los sentidos. O si no está contenta con su empleo actual, busque otro, es de suma importancia encontrar cuál se adecue mejor a su personalidad y estilo, y usted liberará ese estrés que le produce trabajar en un lugar en el que no se siente a gusto. Quizás pudiera considerar la posibilidad de independizarse, puede probar en ventas, eso le permitirá ampliar su círculo de amistades y desarrollar un potencial hasta el momento no descubierto. En este mundo tan multifacético, existe un trabajo para cada tipo de individuo y para cada personalidad, usted no tiene que conformarse con lo que no la satisface.

SÍNTOMAS DE LA DEPRESIÓN

La depresión es una de las enfermedades más comunes en la época actual. Puede hacerla sentir que está sola en el mundo. Especialmente cuando usted está rodeada de personas que creen que es solo un estado de tristeza pasajera. Pues bien, no es así. La depresión es una enfermedad real, por causas reales. Puede aparecer súbitamente, por ninguna razón aparente. O puede ser motivada por circunstancias de la vida muy significativas, como la muerte de algún ser querido, la pérdida del trabajo o el padecimiento de una enfermedad crónica.

Cuando se sufre de depresión clínica, lo que puede estar sucediendo, es que haya un desbalance químico en su cerebro. Así que puede tener problemas de insomnio. Sentirse triste o irritable. Tener problemas de concentración. Pérdida de apetito, de energía, e inclusive de placer sexual. Estos son algunos de los síntomas que presenta un cuadro de depresión, especialmente si los ha tenido por más de dos semanas; o algunas personas normalmente sienten que la vida diaria es sumamente difícil de llevar.

Si usted considera que sufre de depresión clínica, es muy conveniente acudir por ayuda profesional, actualmente los médicos prescriben antidepresivos muy adecuados para elevar el nivel de serotonina. No contienen tranquilizantes, que le harían sentirse como una persona fuera de control. Los antidepresivos no forman hábito, pero sí pueden causar efectos secundarios; como malestar estomacal, dolores de cabeza, mareos, ansiedad y nerviosismo. Generalmente estos síntomas desaparecen en un par de semanas después que ha empezado el tratamiento y usualmente no son tan serios que le hagan suspender el medicamento. No olvide decirle a su médico si está tomando otras medicinas. Al comenzar a sentirse mejor, su doctor le recomendará algún tipo de terapia personal o de grupo para poder volver a una vida normal. Así que recuerde, si se siente deprimida, no está sola, hay personas que pueden ayudarla.

Las últimas investigaciones científicas han descubierto que cada persona puede controlar sus depresiones, y aunque puede parecer difícil y complicado es en realidad sencillo. Cuando ocurre un acontecimiento que altera nuestra vida, la mente lo distorsiona con pensamientos negativos, por el contrario, cuando ese mismo acontecimiento es manejado por la mente con positivismo, en lugar de entrar en una depresión, la persona siente que su vida está teniendo cambios y que ella se tiene que ayudar y seguir su camino hacia adelante. Comience a vivir disfrutando todo lo que le rodea y logrará combatir a la depresión.

CUIDADO CON LA DEPRESIÓN

Nuestra época calificada como era nuclear recibe un nuevo nombre de parte de los psiquiatras y científicos: "La era de la gran depresión nerviosa", a la cual cada día más y más personas se encuentran incapaces de hacerles frente. Estudios y experimentos se realizan sin cesar tratando de encontrar un medio para combatir esa tensión diaria y para sorpresa de muchos se han llevado a cabo varios estudios y se han recopilado estadísticas suficientes para demostrar que los casados, especialmente los hombres, son los menos propensos a contraer enfermedades mentales nerviosas, y no sólo el casado feliz sino aún aquellos que son infelices, así que hay un mayor porcentaje de mujeres casadas con problemas psíquicos nerviosos.

Nosotras somos más soñadoras e idealistas, ya enamoradas no vemos los defectos de los hombres, al contrario, los disculpamos. Siempre pensando en que van a cambiar, esperando ese día y no llega y esas desilusiones nos llevan fácilmente a sentir desaliento por ellos y por consecuencia nos llega la depresión.

A través de mi experiencia, como "Coach de vida" por muchos años, he llegado a la conclusión, de que aún en esta época, en que se habla tanto de la liberación de la mujer, efectivamente, hemos alcanzado en el trabajo, grandes éxitos en carreras profesionales, como abogadas, arquitectas o escritoras, pero todavía a nivel salarios, estamos perdidas.

Y la depresión le viene a la mujer más, por problemas psíquicos que por enfermedad, pues nos acostumbran siempre a depender de alguien y también por los cambios fisiológicos del organismo, su conducta se altera drásticamente. Esto significa que en cada etapa de la vida puede uno caer en la depresión.

En la adolescencia, las jóvenes empiezan a tomar conciencia sobre el papel que desempeñan y buscan su identidad y empiezan a desligarse de la imagen paterna. A los 20 años, es la etapa de un ajuste emocional, se piensa en el futuro, se enamoran, algunas pierden su primer amor, celos complejos, su carrera profesional, deberes del matrimonio. Se casan, pasan por la maternidad o por la terrible experiencia del divorcio. A los 30 años, la mujer evalúa todo lo que ha logrado realizar, cuáles han sido sus errores, quién se había propuesto ser y quién es realmente, y muchas sufren al darse cuenta de que sus más anhelados sueños no podrán realizarse nunca.

De los 40 a 50 años, las mujeres sufren al notar que los papeles tradicionales que ocupaban dentro de la sociedad, como ser esposa o madre, los ha perdido. Enviudan, se divorcian o las abandonan, los hijos se van a estudiar o se casan. La mujer se jubila y se siente inútil y vienen las consecuencias de los errores pasados. Puede haber muchas razones para deprimirse, pero en usted está la solución, no permita que entre en su vida.

SALUD, DIVINO TESORO

Este tema es sumamente importante. Contar con buena salud es mejor que ser multimillonario. ¿Cómo es eso? Pues, usted podría tener tesoros incalculables, pero si está enferma, ¿de qué le serviría? Hay personas gravemente enfermas que cambiarían sus imperios por tener un cuerpo saludable.

Y qué me dice de mujeres extraordinariamente bellas pero que carecen de salud, sin salud no hay nada, ni felicidad, ni riqueza. Si poseemos salud, debemos agradecer a Dios y a la vida, pues somos sumamente afortunadas. Y debemos tomar conciencia de ello, llevar una alimentación adecuada, evitar las bebidas alcohólicas, no fumar, no desvelarse. A menudo resulta difícil, pero no imposible.

El exceso de peso es muy nocivo para el buen funcionamiento del organismo, de ahí se derivan muchas enfermedades. Actualmente, se tiene más conciencia que en el pasado, antes si un bebé era gordo, decían: "Que sanito está", ahora, por el contrario, el pediatra lo somete a dieta. Por desgracia, es común ver a jovencitas pasadas de peso, pues con la proliferación de comidas rápidas, las chicas no hacen más que engordar, llevando una vida sedentaria, pasando horas frente al televisor consumiendo comida "chatarra", aparte de que rara vez comen frutas y vegetales. O, por el contrario, chicas con problemas de anorexia, que se consideran gordas, llevan dietas tremendas y se ejercitan al máximo, al grado de llegar a la bulimia, en que comen para después provocar el vómito. Situaciones en que, de no contar con ayuda psicológica, las puede llevar a la muerte. Y también hay que hablar del problema de la drogadicción, empiezan por un cigarrillo de marihuana, siguen experimentando con drogas más fuertes, como el crack, la cocaína, la heroína, etc. y al sentirse bien por unos minutos, hunden su cuerpo en la más terrible de las adicciones. Cuando es uno joven, no aprecia la buena salud que posee, creemos que de esa edad la gente no se enferma o muere;

¡Qué equivocados estamos! Cuántos niños o jóvenes mueren por una sobre dosis, de leucemia, de cáncer, de lupus, de sida. Por lo tanto, si poseemos ese gran tesoro que es la salud, debemos cuidar nuestro peso, comer saludablemente, ejercitarnos apropiadamente y tener una mentalidad positiva.

Por eso si no estamos enfermas, ¿por qué inventarnos enfermedades inexistentes y convertirnos en hipocondríacas? Es mejor, todas las mañanas, levantarnos con buen ánimo y decir: Si me ofrecieran un millón de dólares ¿vendería mis ojos? Por dos millones ¿vendería mis manos? Por tres millones ¿vendería mis piernas? ¡Por supuesto que no! Entonces soy riquísima, gracias, Señor, por proveerme de un cuerpo saludable, de un alma pura y de una inteligencia privilegiada.

CUÍDESE DE SU DIETA

¿Está usted, su hija adolescente o su mejor amiga, siguiendo una dieta para adelgazar? ¡Es muy probable que la respuesta sea sí! Cuidado, porque en la actualidad, existe una cantidad enorme de dietas que están afectando a infinidad de personas, lo mismo a las jovencitas que a las mayores. Los médicos se encuentran preocupados por la locura de las dietas, no siempre recurren a ellos para consultarlos, y no todas son convenientes. Algunas pueden causar serias deficiencias y debilidad, pero la mujer cree que con solo perder peso van a estar más saludables, no es así, pues adelgazan, pero pueden perder su salud.

Hablemos de la importancia de la alimentación balanceada. Le sugiero que olvide la palabra "dieta" y use el término: "comer bien". Para principiar, no pase hambres, coma, pero con medida. Trate de servirse la mitad de lo que acostumbra. Con el tiempo su estómago se va reduciendo y será menos la cantidad de comida que necesite ingerir. Las grasas saturadas, la carne roja, el azúcar, la sal, los postres, las bebidas gaseosas, (sodas, refrescos), deben reducirse al máximo. El agua es primordial, tome de 6 a 8 vasos diariamente, le ayudará para bajar de peso y al mismo tiempo, tendrá un cutis terso, un cabello sano y brillante y sus órganos internos funcionarán de maravilla. Un buen consejo, tome al despertar un vaso de agua tibia, le ayudará a evacuar, trate de tomarlo media hora antes del desayuno. Haga ejercicio, ya sea al aire libre o en un gimnasio, permanecer trabajando, en un lugar cerrado varias horas es como un veneno. Necesitamos del sol, del aire, de la brisa. Nuestra piel produce, por sí sola, una crema ideal, pero hay que ayudarla, tomemos todos los días una cucharadita de aceite de maíz, girasol o de oliva, contienen las vitaminas de la salud: A, D y F.

Por años he compartido con mis amigas y alumnas un consejo sobre el "baño para adelgazar" que mi madre me enseñó. El procedimiento es muy sencillo, pero hay que ser constante. Prepare su tina con agua, lo más caliente que pueda soportarla, póngale 2 tazas de sal de cocina o Sal Epson. Unos minutos antes, debe tomarse un té, bien caliente, de canela, miel de abeja, 7 gotas de limón y una copita de coñac o ron, o sino tómese 2 aspirinas (hace el mismo efecto).

Protéjase el busto con una toalla humedecida en agua helada y métase a la tina, de 10 a 15 minutos, al salir se envuelve en una toalla gruesa o una cobija, se sienta y verá como suda, y en las zonas donde quiere rebajar, empiece a masajear la piel uniformemente, a los 15 minutos se enjuaga en la regadera para eliminar la sal, se da una fricción de alcohol, luego una buena crema humectante, su pijama y a la cama. No puede salir a la calle, después de este baño tan especial. Esto lo hace dos veces por semana, le dará mejores resultados que el baño sauna o el vapor. Pero recuerde, hay que ser constante.

CONOZCA LAS VITAMINAS

Una mujer debilitada por fuertes dietas es mucho más susceptible al ataque de virus que pueden encontrarse a su alrededor. Está propensa a sufrir quebrantos nerviosos o volverse anémica, a contraer catarros, gripes o peores enfermedades. También algunas personas abusan de los tratamientos para adelgazar.

Como se ha dicho frecuentemente la única manera de perder peso y mantenerse delgada es con un completo cambio en los hábitos alimenticios, llevando una dieta que incluya todas las vitaminas y minerales que el cuerpo necesita. Claro que no adelgazará de un día para otro, pero disminuyendo la excesiva ingestión de carbohidratos lo logrará. No olvide que lo importante de una dieta para lucir hermosa es la salud.

Por muy bueno que sea nuestro plan alimenticio, resulta imposible obtener todas las vitaminas que necesitamos a través de lo que comemos. Por lo tanto, es absolutamente vital tomar suplementos en dosis correctas. Estas substancias nutritivas mejoran su salud y su apariencia. Con los años, la piel pierde elasticidad y lo que eran líneas de expresión, se convierten en arrugas. Por eso es muy importante que tome un buen complemento vitamínico diariamente, pues hay marcas que le proporcionarán también el resto de ellas. Es decir, de la "A" a la "Z". Y si a esto le añade una alimentación sana: Fruta, verduras, carne asada o a la parrilla, ensaladas, pescado, mucha agua entre comidas, poca sal y azúcar, su plan será excelente. Las vitaminas juegan un papel clave en la belleza. Por ejemplo: La "A" ayuda al proceso de renovación celular y le da nutrición y brillantez a la piel. La "B" combate las impurezas. La "C" la previene de infecciones. La "D" le proporciona hidratación y tersura a la epidermis. La "E" torna la piel más resistente a los estragos ambientales.

No olvide ejercitarse diariamente, aunque sean unos cuantos minutos. Mantenga su mente y espíritu en óptimas condiciones, practique yoga, tome un curso de meditación, lea los principios de la metafísica, en fin, cuide su apariencia externa y perfeccione la interna. No es posible saber cuántos años viviremos, pero es muy beneficioso para nuestra salud mental, visualizarnos a futuro como unas personas saludables, gracias a que tuvimos el buen tino de cuidar de nuestro cuerpo. Es muy lamentable ver a mujeres jóvenes cargadas de enfermedades porque, primero, no cuidan su alimentación y, segundo, porque a leguas se nota que necesitan un complemento vitamínico y se rehúsan a admitirlo. En cambio, vemos a señoras octogenarias, que desde muy temprano están haciendo sus ejercicios, desayunan con sus amigas, van de compras, (algunas aún manejan), siempre las vemos arregladas y son un derroche de optimismo y un ejemplo a seguir para muchas jovencitas. ¿Su secreto? El buen uso de las vitaminas.

CUIDE SU FIGURA

Una mujer debilitada por fuertes dietas es mucho más susceptible al ataque de virus que deambulan por el medio ambiente, pues está propensa a sufrir quebrantos nerviosos, a volverse anémica, a contraer catarros o gripes o enfermedades aún peores. Si usted es de las personas que pasan horas en el gimnasio y al llegar a casa comen sin medida, nunca logrará perder peso. No importa cuánto ejercicio haga, mientras no controle su apetito, este la controlará. Es tan importante poner atención a lo que come, como a la manera en que lo come.

- Limite los azúcares. Endulce con miel o azúcar morena.

- Limite los almidones. Coma pan integral, galletas, arroz, papa.

- Evite los refrescos. Tome de 6 a 8 vasos de agua, con gotas de limón.

- Limite el consumo de alcohol. Pida vino blanco con agua efervescente.

- Limite la grasa. El horno de microondas permite cocinar sin grasa.

- Evite las carnes rojas. Prefiera el pollo, pescado, mariscos.

- Tome solo 2 vasos de leche descremada.

- Olvide la mantequilla y los quesos amarillos.

- Coma requesón o queso cottage.

- Coma muchas frutas, verduras y ensaladas verdes.

- Trate de cocinar con muy poca sal, en un par de semanas se asombrará al darse cuenta de que no la necesita.

- No coma nada entre comidas, si siente hambre, tome agua.

No perderá esas libras de más de un día para otro, pero disminuyendo la excesiva ingestión de carbohidratos, con el tiempo podrá lograrlo. No olvide que lo importante para una mujer es: Lucir hermosa y saludable. Como se ha dicho frecuentemente, la única manera de perder peso y mantenerse delgada, es con un completo cambio en los hábitos alimenticios, siguiendo un régimen alimenticio que incluya todas las vitaminas y minerales que el cuerpo necesita. Si no puede asistir a un gimnasio, procure caminar una milla, eso es más o menos, media hora, por lo menos 3 veces a la semana. Tome cursos de yoga o relajación mental. Ud. es la única persona, que puede controlarse a sí misma, sea positiva y no olvide mi frase:

"Si otras mujeres han adelgazado ¿Yo por qué no?".

Tantas han logrado adelgazar que son un ejemplo para usted. Ahora que se sienten otras, confiesan que valió la pena el sacrificio que hicieron. Su actitud hacia la vida cambió, se sienten más jóvenes, felices y renovadas. Además, aceptan que comían por ansiedad, porque se sentían solas, porque estaban deprimidas o tenían problemas en su trabajo. Comían por comer, y es necesario aprender que el acto de ingerir alimentos es una forma de satisfacer una necesidad fisiológica y no es solo para gratificarse con una sensación dañina y placentera, si se lleva a extremos incontrolables.

DIETA MENTAL

Le voy a aconsejar una dieta mental, porque me imagino que usted ha probado todo, cómo: Contar calorías, pesar las porciones, controlar las proteínas, aumentar las fibras, etc. y nada le ha ayudado a perder esas libritas de más.

Es hora de preparar su mente para ayudar a su cuerpo, este método sí funciona, visualice la silueta que le gustaría tener, se sentirá más alegre y segura de sí misma, si adelgaza.

De ahora en adelante, comerá moderadamente y pondrá más cuidado en balancear sus alimentos, tratará de comer en la calle lo menos posible, se hará el firme propósito de desterrar de su mente cualquier pensamiento relacionado con la comida prohibida, no comerá compulsivamente.

Siempre que esté nerviosa o sienta ansiedad, tratará de entretenerse en algo. Su cuerpo no retendrá más líquidos, estará más activa. Camine y muévase con energía, muestre una disposición alegre y optimista y dígase a usted misma: "Voy a adelgazar, porque me lo he propuesto, si otras lo han hecho, ¿Yo por qué no?". Me imagino que ha envidiado a las modelos, algunas han tenido hijos y regresan a su misma talla; posiblemente ya está cansada que su marido la critique, que sus hijos la quieren ver delgada. Sé que está harta de esta situación, pero el poder de la mente la va a ayudar.

No olvide que también el sobrepeso perjudica a su corazón y son más enfermizas las personas obesas. Antiguamente se iba al mercado diariamente, porque no existían los refrigeradores y así era más fácil controlar las comidas de la familia entera, ahora se supone que uno va a hacer las compras para toda la semana y al tercer día ya no hay nada. No señora, controle el apetito de su familia y usted predique con el ejemplo, yo he visto a muchas mujeres que trataron por años de bajar de peso y no podían, pero al educar su mente, educaron su cuerpo y ahora me dan las gracias por mis consejos.

Otros consejos visuales. Use platos chicos para comer, la ilusión óptica le hará creer que comió mucho. Adorne bien su comida, eso le distraerá de la cantidad servida. Si come sola, vea la TV o lea un libro, eso le ayudará a no poner tanta atención en lo que come. No pase por los lugares donde venden comida rápida, pues las hamburguesas, tacos y pizzas, solo engordan y no alimentan. Vuélvase esclava de la báscula y de la cinta métrica, tome mucha agua, camine diariamente, sea positiva y le aseguro que, aunque sea poco a poco, bajará esas libras de más.

¡Recuerde la persona que controla su mente, controla su mundo!

SEPA HACER EJERCICIOS

Sin un cambio de actitud hacia el propio cuerpo, no hay buenas intenciones que valgan. Esto significa la práctica metódica de ejercicios en su vida y ciertos ajustes de tipo psicológico. Muchas personas creen que cuando se trata de ejercicios, mientras más se hagan, mejor; nada más erróneo, primero porque los excesos conducen fácilmente al cansancio, uno se harta y deja todo. Segundo, porque el intenso esfuerzo muscular libera el ácido láctico, fatigando al músculo e impidiéndole que siga trabajando en forma consciente.

Lo mejor, según los expertos, es practicar algún tipo de ejercicios aeróbicos moderadamente, media hora, tres veces por semana, pero sin fallar. Si hace menos que eso, créame, que no vale la pena. La flojera, la desidia, el aplazamiento son los mayores enemigos de la buena voluntad.

Ahora, si jugaba tenis, practicaba la equitación o la natación en su juventud, y lo dejó por convertirse en esposa y madre, vuelva a hacerlo, todavía es tiempo. Consiéntase a sí misma, vaya con un masajista profesional, por lo menos dos veces al mes, la hará sentir en las nubes. También es muy recomendable asistir a un gimnasio, hay excelentes clases y puede empezar con levantamiento de pesas, Raquel Welch, Jane Fonda y muchos artistas lo recomiendan. No piense en el ejercicio como si fuera un sacrificio solo para perder peso, considere que es magnífico para su sistema cardiovascular, y que el caminar unos 20 minutos diarios, sobre todo, en grata compañía y con una buena postura, esta caminata beneficiará y aumentará la resistencia de su corazón y sus pulmones; aliviará sus tensiones, le dará gracia y agilidad a sus movimientos. Para que sean agradables esos minutos, ensaye algunos trucos: Muévase al compás de un ritmo musical, con un golpe parejo. La música le favorecerá para mantener una armonía de movimientos y será psicológicamente beneficioso para usted. Tome baños de sol, use una buena crema bloqueadora y relájese, olvide el mundo que la rodea y disfrute de una buena mañana, sin líos, prisas o presiones.

Recuerde: Usted es la persona más importante de su vida. Consiéntase también dándose un baño de tina, siéntase como Cleopatra en su imperio, esto le ayuda a relajar los nervios, el agua un poco más caliente que la temperatura del cuerpo, añade pétalos de rosas, flores de gardenia o de azahar. También puede usar hojas de lechuga, aceite de eucalipto o de pino, compre en las perfumerías burbujas con diferentes fragancias.

Decore su baño con plantas, como un invernadero, escuche su música favorita, encienda velas, métase a la tina y disfrute el momento. Esta es una terapia maravillosa, ¿y por qué no? Invite al hombre de su vida a que la acompañe y convierta esta actividad en una costumbre que les proporcionará muy gratos momentos.

CUIDADO DEL CUTIS

Unos consejos para la muchacha muy joven, a esta edad lo que con más frecuencia se tiene que evitar o eliminar son las espinillas y el acné juvenil, el cual debe ser tratado por un dermatólogo y a veces hasta por un psicólogo, porque el acné juvenil deriva a menudo de un estado emocional.

La piel muy joven se caracteriza por el cutis graso con problemas comunes, como puntos negros y poros abiertos. Para evitar y contrarrestar esto le recomiendo la limpieza, no acostarse jamás sin lavarse bien la cara con jabón neutro y después usar tónico astringente que ayuda a cerrar los poros.

Además, tenga cuidado con la comida, lo que se debe evitar son las grasas, chocolates y comidas muy elaboradas con salsas y especies. Consuma pescado, carne roja magra, gelatinas, ensaladas, vegetales, requesón y muchas frutas. Conociendo su piel, la mujer comprende mejor lo que en ella sucede y en consecuencia puede valorar lo que se hace para ayudar a su cutis a conservar su ternura.

No hay nada mejor que el agua, trate de tomar 8 vasos diarios. Hay un sistema muy simple de seguir. Tome un vaso cada 2 horas, tomando el primero a las 8 a.m. y el último a las 10 p.m., de este modo tomará 2 litros de agua diariamente, se sentirá y se verá cada día mejor, pues su sistema digestivo funcionará de maravilla. La ciencia está a favor del cuidado de su piel, porque con la acción del sol, del viento, del clima y del paso del tiempo, el estrato córneo pierde humedad y no puede recuperar agua en cantidad suficiente; el cutis entonces se torna áspero, seco, sin flexibilidad y se van formando líneas de expresión y arruguitas. El cutis mixto es el más común, partes secas y partes grasas, cada parte se debe de tratar según sus necesidades. Este se presenta de los 20 a los 35 años. Siempre debe de empezar por un facial, pues si los poros están sucios de nada sirve lo que se aplique. Las representantes de las líneas de cosméticos le pueden enseñar cómo usarlos, pues cada producto tiene su acción y le dirán qué tipo de cremas son apropiadas para su cutis.

Si en el curso del día siente el cutis estirado o si su piel es de por sí reseca, se pueden hacer aplicaciones rápidas de loción humectante y, además, prepara una nutritiva mascarilla con 1/2 yema de huevo y 1/2 cucharadita de aceite de oliva, se mezcla bien y se aplica por 20 minutos, una vez seca, se retira con toallitas húmedas en agua tibia. Procure aplicársela una vez por semana. El mejor halago que una mujer recibe es que lindo cutis tiene y se puede lograr a cualquier edad. Pues, aunque ya no sea una colegiala, y las primeras arruguitas aparezcan, con el debido cuidado y una dieta balanceada, su cara reflejará salud y bienestar.

MEJORE SU AUTOESTIMA

Toda mujer quiere verse bonita y toda mujer puede verse bella, aunque la sabia naturaleza no la haya dotado de una buena apariencia. Así como se ha podido modificar la apariencia terrestre, moviendo ríos y montañas, floreciendo desiertos, así puede usted cambiar de pies a cabeza.

Si no nació bonita, lo que tiene que hacer es un programa y llevarlo a cabo. Haga un recuento de los recursos naturales con los que cuenta, si estos son sumamente favorables, magnífico, mejórelos y eso la hará verse más bella. Si no lo son, tiene que estudiarlos para así poder disimularlos. Los puntos débiles... corregirlos y los puntos fuertes... destacarlos. Lo primero que tiene que hacer es aceptarse tal como es y tener fe. Vamos por partes. ¿Su figura está pasada de peso? ¿Se ve en el espejo y no le agrada lo que ve? Eso tiene remedio. No pruebe uno y otro plan dietético. Mejor consulté con un médico especialista.

Procure caminar y ejercitarse regularmente para perder esas libras de más. Cuide su postura, su forma de caminar. Fíjese cómo caminan las modelos, trate de imitarlas. María Félix, una gran actriz mexicana, dijo que la belleza está en los pies, seguramente sabía lo que decía. Ahora miles de mujeres se han hecho la cirugía plástica. Ven a un buen cirujano y cambian cualquier parte de su cuerpo. Existen mujeres que no cambian jamás su imagen, le temen a un nuevo look. Busque fotografías de 3 a 5 años atrás, ¿luce usted exactamente igual, solo que más deteriorada? Pues muy mal, amiga mía, recuerde: "Renovarse o morir". Aparte, sé que hay esposos machos y egoístas, que no quieren que su mujer cambie para bien, pero los hay que estarían encantados, al igual que los hijos, en ver la guapa y segura de sí misma, con un tremendo cambio en su apariencia diaria. Consulte a una experta maquillista, vaya con su estilista a que le haga un corte favorecedor. Para mí la mujer que no se peina y maquilla bien, no se respeta a sí misma ni a los demás. Compre o intercambie con sus amigas prendas de vestir a la moda.

Recuerde que un buen vestuario, es imprescindible en todo guardarropa, demuestra su buen gusto. Debe estar de acuerdo a la ocasión y época del año. Más vale tener poca ropa de calidad y no mucha y corriente. Siéntase siempre segura en cualquier lugar que se presente. Para alguna cita de negocios, cuando salga a cenar a un elegante restaurante o para ir a bailar a una divertida discoteca.

Ya con un nuevo "look", usted podrá sentirse bella y seductora y en cualquier evento social despertará miradas de admiración tanto de hombres como de mujeres, siempre y cuando, su arreglo personal sea de primera clase. Si siempre ha deseado tener el cabello corto, pero alguien se lo impide, vaya hoy mismo al salón de belleza y pida a su estilista un buen corte, si no le gusta el resultado no se preocupe, ya volverá a crecer.

MAQUILLAJE Y PEINADO

Utilice el maquillaje como su arma más poderosa, es tan desagradable ver a una mujer que no se maquilla que da la impresión de tristeza y abandono. Ahora la belleza se tiene que descubrir con conocimiento y cuidado. Utilizando los adelantos de la ciencia se aprende a destacar las cualidades y a disimular los defectos.

Así como un pintor idealiza su pintura y luego prepara sus pinceles y tonalidades, la mujer de hoy debe de conocer todos los productos para su rostro y realzarlo lo mejor posible. En París, Milán, Nueva York, los diseñadores lanzan sus creaciones, que consisten en un concepto luminoso y se traduce en un maquillaje muy natural. La mujer que no se arregla, busca por todos los medios de un pretexto para no hacerlo y está a un paso de la depresión o del divorcio. El maquillaje permite destacar sus facciones, sus puntos fuertes y disimular sus defectos.

Entre a la moda amiga, logre ser bella, el maquillaje obra milagros. Le aconsejo que en las tiendas importantes visite los mostradores de marcas famosas, haga una cita y la maquillarán gratuitamente, mostrándole lo último de la moda. La mujer por naturaleza debe de ser coqueta. Como dice el dicho: "La mujer coqueta quita al hombre de la otra puerta". Descubra ese rostro que siempre soñó, se sentirá una nueva mujer. A través de mi carrera, he palpado la importancia que tiene nuestro cabello y lo que el valor de una cabellera bonita representa en una mujer. No me explico cómo todavía hay mujeres que no le dan la atención y la categoría que merece. Puede probarse diferentes pelucas, en diversos tonos y cortes para probar cuál es la que más le favorece, incluso hay extensiones y mechones que dan mayor volumen y belleza al rostro.

Los tintes y tratamientos del cabello están garantizados, por las compañías fabricantes, para crearle una hermosa cabellera, pues son firmas muy prestigiadas. Atrévase a cambiar, a ser una nueva mujer, un cambio en el corte, en el tinte, hágase mechones (highlights), es lo último en la moda, dan vida y movimiento al pelo, le darán glamour y brillantez al rostro. Además, bien maquillada, con un peinado moderno y con estilo, la harán sentirse renovada, sus bonos crecerán y psicológicamente se sentirá mejor.

Haga la prueba de la fotografía. Busque alguna que se tomó hace varios años, véase ante un espejo, si la foto y la imagen que ve es la misma, está mal, definitivamente, usted necesita urgentemente un cambio. Tiene que rejuvenecerse, imagine qué pensará su esposo cuando regresa del trabajo y ve siempre a su esposa, ahora con canas y el mismo corte de pelo que cuando se casaron hace más de 20 años. Y si usted pasa de los 30 años, ya no le favorece el cabello largo, lo más largo al hombro, de ese modo se lo puede recoger o llevarlo suelto. Los estilistas y yo estamos de acuerdo, renovarse o morir.

EL BUEN VESTIR

¡Cualquier mujer puede ser bella, si sabe arreglarse! Con todo cariño el día de hoy, voy a hablarles del vestuario, les compartiré algunas opiniones. Germain Montiel opina "No hay mujeres feas, sino perezosas. La belleza requiere de paciencia". Orlane dice: "Tú que eres bella, vívelo. Tú que eres menos, llega a serlo". Y yo, su amiga Elsa O'Farrill digo: "Si otras mujeres han triunfado... ¿Usted por qué no?

¡No tengo que ponerme! Es un comentario típico, ¿verdad? ¿Por qué se expresa de esa manera, teniendo un amplio guardarropa? Justamente por deseos de lucir bien y por falta de seguridad en lo que posee. Le recomiendo. Más vale tener poca ropa de calidad y no demasiada de poco o mal gusto, que no la hacen lucir elegante.

La invito ahora a entrar al mundo fascinante de la moda. ¿Qué es la moda, se preguntará? Es lo que se usa, lo que está de época, es un conjunto de valores de índole social, adaptados al momento o a la evolución de la vida.

Para saber que nos queda hay que tomar en cuenta varios factores: La época del año, el estilo, el color, los accesorios, la ocasión, el porte de la figura, el peinado, el maquillaje, modales correctos, perfume, o sea todo un conjunto de valores que hacen a la mujer bella. Y recuerde: Cómo te ven, te tratan. Trate, ante todo, de determinar qué es lo que mejor le va. Cada persona tiene que encontrar su estilo propio y desarrollarlo, es tan agradable oír, "Con qué gusto te vistes". Y hacerlo, según el género de vida que se requiera. Hay mujeres conservadoras, deportistas, intelectuales, ultramodernas, etc. Lo más importante, es lucir bien en todo momento. En ocasiones, una amiga le dirá: "Qué delgada te ves", y al siguiente día otro: "¿Qué estás aumentado de peso?". La razón es, la manera de vestirse. Es una ilusión óptica. Hay colores que aumentan, como los vivos o estampados y colores que adelgazan como los oscuros y opacos, también el diseño cuenta.

Cuando compre un vestido, este debe de disimular los defectos y aumentar las cualidades de su figura. Y que dé a parecer una mujer hogareña y sencilla, sepa cambiar según la ocasión en; Sexi, sofisticada, glamorosa y actualizada. Los accesorios son de mucha importancia, pues dan o quitan elegancia al vestido, tanto la bolsa como los zapatos tienen que ser del mismo color y material, algunos sofisticados para salir de noche con una bolsa pequeña. Para la playa o el club hay aretes, collares, pulseras, bellísimos, todo depende del conjunto y la ocasión. No deje de estar al día mediante revistas de alta costura. Tenga cuidado con algunas amigas que la aconsejan, tenga en cuenta la individualidad de cada una, y lo que está bien para una persona no siempre le sirve a otra.

MANDAMIENTOS DE LA MODA

Amiga, ya que le he hablado de la moda y lo importante que es, he creado diez mandamientos, espero que los memorice y practique.

1. Estar siempre aseada, con su ropa y accesorios impecablemente limpios.

2. Conocer bien nuestra figura, saber qué es lo que nos favorece, para destacar las cualidades y disimular los defectos.

3. Conocer la clase de vestidos que nuestro género de vida requiere y saber elegir para toda ocasión.

4. Conocer los colores que más nos favorecen a nuestra tez y a nuestro estado de ánimo.

5. Saber maquillarse y peinarse según el compromiso social y usar los tonos que favorezcan al vestuario.

6. No olvidar el cuidado de nuestras manos y pies, siempre con una buena manicura al tono natural o color.

7. Saber lo que podemos gastar y saberlo distribuir en nuestro guardarropa, le conviene ropa de calidad.

8. No improvisar sino planear a tiempo lo que va a usar, pensando siempre en el buen gusto de los accesorios, pues son los que dan o quitan elegancia al vestido. Estos son: Zapatos, bolsas, cinturones, joyería, sombreros,

guantes, mascadas, sacos, abrigos, anteojos, etc.

9. Conservar siempre una postura correcta, al caminar y sentarse. Y actuar como una distinguida dama.

10. Las mujeres somos como las flores, necesitamos un aroma para agradar. No se olvide del perfume.

Le recomiendo se haga estas preguntas:

1.   ¿Mi personalidad es afectada por la ropa que llevo?

2.   ¿La seguridad de mí misma, va en relación directa con mi buena apariencia?

3.   ¿Me siento de lo mejor, cuando luzco de lo mejor?

4.   ¿Sé aparentar el papel que quiero?

Estará de acuerdo conmigo en que "Como la ven la tratan", yo no creo que en el vestir existan maneras correctas o incorrectas, sino maneras efectivas o inefectivas, dependiendo de su objetivo. Algunas mujeres se visten sin poner atención y no piensan la forma correcta para agradar. La imagen que nosotras creamos influye en las metas de nuestra vida, en el trabajo, en nuestra vida social y, por supuesto, en nuestra vida amorosa. Tenga un lindo vestuario que la haga más bella y seductora. No necesita gastar un dineral para vestir bien. Con prendas básicas puede hacer maravillas, aprende a combinarlas acertadamente.

CONSEJOS PARA LA MUJER MADURA

Estos son algunos consejos para la mujer que está entre los 30 y 50 años de edad. A partir de esa edad, la mujer se debe cuidar mucho, mantener la buena hidratación de su piel, tomando mucha agua, mejorando sus hábitos alimenticios y usando diariamente cremas hormonales, de colágeno y lociones humectantes.

A partir de los 30, nos convertimos en las famosas mujeres "Tas", los trein-Tas, los cuaren-Tas, los cincuen-Tas, etc, ya la encantadora frase "Juventud, divino tesoro" no nos es de mucha ayuda. Es hora de recapacitar y dejar atrás los malos hábitos. Por ejemplo, sería recomendable no comer carnes rojas, limitar el consumo de café, bebidas alcohólicas y grasas saturadas.

Si tiene el vicio del cigarro, tratar por lo menos de reducir la cantidad de cigarrillos al día. Recuerde que fumar, puede ocasionarle cáncer, ya sea, en los pulmones o en la garganta. Y puede causar la muerte de sus seres queridos, por el humo de segunda mano. Amén de que produce mal aliento y vejez prematura. Use una línea completa de productos de prestigio para el cuidado de la piel. Y al momento de comprarlos, asegúrese que le informen detalladamente, cómo y cuándo usarlos, pues cada uno tiene su propio beneficio. Trate de estar siempre maquillada, recuerde que, a esta edad, ya no nos favorece el cabello largo, pida consejo a su estilista. Los 50 años, es una edad maravillosa, es la plenitud de la madurez. Es cuando una mujer se siente realizada en todos los aspectos, es prepararse para la "Edad de Oro", es no temerle al Alzheimer, la menopausia o a la vejez. Ya no son las mujeres seductoras del pasado, pero en cambio tienen el encanto de la madurez, y agradan por igual al esposo, a los hijos, a las amistades, a los nietos. Para ellos, el aspecto y la conducta de los abuelos es de singular importancia y no hay por qué actuar con la idea de que son seres relegados, sin decisiones y voluntad propia.

¿Están de acuerdo conmigo, de que cada etapa de nuestra vida tiene su belleza? Acepte su edad, su figura, su carácter, sin cuestionamientos, ni traumas; desarróllese espiritualmente, piense en nuevos proyectos. Estudié la carrera que siempre deseó y no lo hizo por atender a su familia, ocúpese en trabajos sociales, visite hospitales, puede ser voluntaria para leer o platicar con los enfermos o ancianitos; únase a un club, juegue golf o cartas con sus amigas, cante en un grupo coral y por qué no, conquiste al hombre que siempre soñó. Envejecer con belleza y creatividad, es una forma de darle luz a nuestra vida. Para orgullo de nuestra familia, del mundo y de nosotras mismas.

SEPA ESCOGER COMPAÑERO

Los sueños, sueños son. La mujer joven siempre vive con la esperanza de que va a encontrarse con el príncipe azul, a toda hora dispuesto a defenderla, pero ignora que él trae consigo sus propios problemas, y cuando lo encuentra, ve que no es lo que ella deseaba.

Aún hoy en día, la mayoría de las mujeres jóvenes tienen el ideal del matrimonio al estilo de las películas, en el cual la boda es sinónimo de felicidad eterna, creen que, al salir de su hogar, en donde se sienten reprimidas y esclavizadas por sus padres, van a encontrar la libertad. Eso está por verse, pues depende a quién escojan por compañero. Cuando las jovencitas están en la escuela, los muchachos que tratan son de la misma edad, por lo cual el chico no tiene nada que ofrecer, ellos buscan a las chicas fáciles para que se entreguen, sin pensar en las consecuencias que trae esa prueba, que no puede ser amor y después la desprestigian y buscan a otra.

Existen también muchachas dignas, conscientes, que se dan a valer, hasta que realmente encuentran alguien que se las merece y controlan la relación hasta que las llevan al altar. Que satisfacción para los padres, dar en matrimonio a una hija, que con orgullo viste el vestido blanco de novia, una chica que se comprometió a sí misma a darse a valer. No solo ahora, en todas las épocas han existido muchachas fáciles, que juegan al sexo, creyendo que en esa forma el joven se va a enamorar, como no se protegen, se embarazan, sin saber que se la juegan, sufren, y muchas recurren al aborto o a complicarle la vida al muchacho y a la familia.

Aunque no lo crea, muchos muchachos buscan eso, todo depende de la moral que les den sus padres, aunque ahora se cree que no hay mujeres vírgenes, créame que las hay, y ellas son las que forman un verdadero hogar. El hombre llega hasta donde la mujer quiere, y hay que aconsejar a nuestras hijas para que no lleguen a situaciones comprometedoras con sus novios, cuestión que desgraciadamente, en la actualidad se ve cada día más. Es alarmante ver qué cantidad de chicas embarazadas o con bebés en brazos, se presentan en las ceremonias de graduación de la escuela preparatoria, por consecuencia no prosiguen sus estudios y recurren a la ayuda del gobierno hasta que esos niños cumplen la mayoría de edad.

Obviamente, su futuro es incierto, pues ya un hijo les impide desarrollarse intelectualmente como debieran. Tienen que considerar que, para los muchachos, tener relaciones sexuales es algo sin importancia, pero para las chicas entregar su cuerpo, su virginidad fue, es y será siempre algo muy preciado que deben de valorar como su joya más preciada. Napoleón, al enamorar a María Luisa le preguntó: "¿Cuál es el mejor camino para llegar a vos?" Ella contestó: "Acompañado por el arzobispo y por la sacristía, es el único camino para llegar a mí... ¡Y se casó con ella!

PERMITA QUE LA CONQUISTEN

Desde que empezó la liberación femenina, algunas mujeres confundieron el concepto y lo transformaron en libertinaje. Y al momento de conquistar al hombre, empezaron a perder categoría. Lo que debe ser un arte, una cosa bella, como es dejarse conquistar, atraer al ser amado con delicadeza y sabiduría, estas mujeres lo echan a perder, aceptan todo lo que el hombre les propone, se pasan de sexis, los acosan y eso los desilusiona. Pierden interés, pues por ley, el macho conquista y persigue a la hembra.

Se han vuelto rogonas, los llaman, los invitan a salir, pagan ellas las cuentas, los paseos. Finalmente, el hombre se aburre de la supuesta conquistadora y desea huir. Algunas con malas mañas los comprometen, se embarazan y los obligan a casarse, después sufren, porque no es amor y pagan las consecuencias.

¿Es que han cambiado las reglas del juego amoroso? Aparentemente sí, se han escrito varios libros sobre este tema, pero esencialmente es volver a las viejas técnicas del pasado. Permitir que los hombres nos conquisten. Que cuando nos digan una flor o piropo, bajemos la cara con timidez y nos pongamos un poquito rojas, eso les encanta. Que nos inviten a salir y al pasar a buscarnos nos obsequien flores, unos chocolates, eso es parte de la conquista, esos detalles convierten el romance en algo mágico y encantador. La nueva teoría afirma que al hombre de hoy le gusta responder al reto, y que, si le damos todo fácil, pierde él interés. ¿Por qué ignorar ese instinto, por qué tratar de sofocar la ambición masculina de conquista? El hombre por naturaleza es cazador y disfruta la cacería, hay que ponerle obstáculos obligándolo a correr detrás de uno, hágase la difícil y verá cómo cae redondito a sus pies. Nuestras abuelas los hacían esperar para decidirse a aceptarlos como galanes; a los novios los ponían nerviosos e inseguros con un jueguito que entonces se llamaba: "Hacerse la difícil", y tenían más pretendientes que dedos en las manos.

Ahora la mujer va detrás de ellos. ¿Qué pasa? Se aburren de ellas. Por eso muchos ya no se quieren casar. ¿Para qué? Los fines de semana lo pasan juntos, se ven cuando quieren, viajan juntos, no existe ningún compromiso, entonces ellos ¿para qué se preocupan, si todo lo tienen en bandeja de plata? Lo más curioso es que algunos padres aceptan este tipo de relación, pensando que algún día se casarán, pues lo correcto sería que después de 2 o 3 años, se empezará a hablar de matrimonio. Y si es que llegan al altar, ojalá perdure la relación, pues por desgracia, cada día se ven más divorcios, por falta de madurez emocional y psicológica.

Y el arte de conquistar debe prevalecer siempre, el hombre debe seguir teniendo bellos detalles con la esposa, invitarla a salir, al cine, a bailar. Enviar flores a su trabajo sin ninguna razón, abrir la portezuela del carro, dejarle alguna notita de amor en la habitación, en fin, seguir conquistándola, aunque lleven muchos años casados.

PARA CONQUISTAR, DESE A DESEAR

Hay una nueva tendencia para conquistar a los hombres, en otras ocasiones he tocado este tema y ya he comentado que la mujer ofrecida y fácil se está quedando sola. En la actualidad, es necesario comportarse como antaño, es decir, hacerse las difíciles, si usted le gusta de verdad a un galán, él se valdrá de todos los medios para conquistarla.

Hay que ser moderna, atractiva e inteligente, nada tímida y mucho menos temerosa de atraer a los hombres. Hay que utilizar la astucia y todas las artes femeninas. Debe tener confianza y dominio de sí misma. No mirarlo fijamente, no hable demasiado, eso no les gusta.

No pague nada cuando salga con él, al hombre le gusta el reto, no sea presa fácil. No le llame, ni le devuelva las llamadas si no es necesario, déjelo que insista. No le haga saber que le interesa, dese a desear. Procure ser usted la que corte la conversación por teléfono. Usted debe decidir qué día quiere salir con él y que le llame para confirmar.

En las primeras salidas no lo invite a su casa, despídase en la puerta, un besito basta. Ya en la cuarta cita, muéstrese más cariñosa, comparta sus sentimientos, pero no exagere. Todavía es un extraño, cuéntele que usted es muy independiente y ni se le ocurra hablar de boda, de hijos o del futuro. Con esos temas lo que haría sería ahuyentarlo, el hombre mientras menos se sienta comprometido, mejor para él.

Por mucho que le guste, no lo vea más de una o dos veces por semana, los hombres se enamoran primero de las mujeres, pero también se aburren primero. Evite las relaciones sexuales, eso solo compromete, sin tener bases sólidas, aunque depende de su edad y manera de pensar.

Si es usted joven espere a tener un compromiso formal, después de los 30 espere un mes o dos. Es sumamente importante que no se involucre con un hombre casado, se arrepentiría. Ame a quien le ama y si se rompe la relación, no se tire a morir, ya vendrá otro. Siga este consejo, cuando un hombre la traicione, haga de cuenta que se murió, póngase de luto, llórele por tres días y borrón y cuenta nueva el que sigue.

Y si no fuera por traición, ya sea por una u otra causa, dígale que el tiempo que pasó con él fue muy lindo y que tendrá bonitos recuerdos, pero que en los sentimientos no se manda y que no fue la voluntad de Dios, pero que lo seguirá considerando como amigo. Es mejor así, que terminar trágicamente, es bueno dejar una buena imagen, quizás con el tiempo viene una reconciliación y ¿por qué no? un matrimonio. Hay parejas que se dejan de ver por años, y un buen día se vuelven a encontrar, en alguna tienda, en un restaurante y vuelve a prenderse esa llamita, llamada amor, porque recuerde: "En donde hubo fuego, cenizas quedan".

EL ARTE DE CONQUISTAR

Hay mujeres que son capaces de pilotear aviones, sin embargo, cuando les gusta un hombre, por su timidez, tienen miedo de tomar la iniciativa para acercarse y hablarle. En la actualidad, la mujer no se ve mal al hacer esto, al contrario, ahora nosotras estamos para escoger, no para que nos escojan.

Hay días en que uno se siente conquistadora. He aquí mi método: Tome un reconfortante baño de tina, dese un buen facial, seleccione un lindo vestido, arréglese bien, avise a su familia que no la esperen a cenar y salga a disfrutar del arte de conquistar. Atrévase a salir sola, el hombre se acerca más fácilmente, así no tendrá competencia y no lo comente con sus amigas, pues querrán acompañarla, y esta aventura, por así llamarla, solo le pertenece a usted.

Tener una aventura es una forma muy gratificante de sentirse viva, de comprender que no es una persona confinada a la soledad, sino una parte vital e integral del paisaje social que la rodea. ¿Aspira a conocer alguien de buena posición? Excelente idea, pues encamínese al lugar adecuado. A un lujoso restaurante, aunque solo pida un postre y café. A una galería de arte, aunque no entienda lo que ahí se exponga. A una buena tienda para caballeros, pretextando que necesita algo para su hermano. O si está en la vena deportista, a un gimnasio de categoría. Una vez en el lugar, momento y frente al hombre adecuado, sonría, la sonrisa agradable demuestra que está uno dispuesta a entablar contacto con él. Al hacer contacto visual, la mujer rompe el hielo, pues una mirada puede decir más que mil palabras. Acérquese y haga una pregunta, cualquier cosa, como la hora, una dirección, hable del tiempo, del sol, de la luna, de lo que sea, pero hable. La voz es mágica, atrae a los hombres, por eso debe ser cálida y dulce. Así combinando su personalidad, su encanto y su magnetismo, la harán una mujer atractiva, ya después de conocer al galán, si sigue la relación, ya eso depende de usted y del destino. Salga con él, no tan a menudo como usted quisiera, pero sí frecuentemente, para asegurarse que no está casado y vaya a envolverse en una relación que no la lleve a ninguna parte.

El arte de conquistar se ha usado a través de los siglos. El primer libro de etiqueta social se escribió en el año 1763 por Henry Schiller y le tituló "El Arte de Comer y de Amar". La mujer siempre se ha valido de artimañas para conquistar al hombre, recuerde a nuestra querida Eva y su famosísima manzana. Busque hombres sin problemas, alegres, sin vicios, que sepan divertirse, que cuando se reúnan, pasen un rato agradable, y ambos se olviden de la rutina diaria que muchas veces resulta insoportable. Y tomé en cuenta que nosotras debemos ser las conquistadoras, las que decidimos con quién, cuándo y cómo debe ser la relación, aunque ellos, los del llamado sexo fuerte, se crean todo lo contrario.

SEPA ELEGIR PAREJA

Usted que busca con quien casarse, le aconsejo que sea muy selectiva al elegir a su pareja. El hombre ideal con quien usted sueña podría ser una elección equivocada, si ambos no congenian en el carácter. Esta es la opinión de algunos expertos matrimoniales.

La mujer debe ver a su pretendiente no solo como es en la actualidad, sino también cómo será dentro de algunos años. El sentido del humor, la educación, la moral, los hobbies, elementos que son esenciales para la felicidad matrimonial, igual que el factor económico. Sin estos ingredientes los conflictos domésticos podrían complicarse al máximo y las pequeñas discusiones terminaban en peleas.

Si su enamorado es demasiado celoso, hay un gran peligro en el futuro. Él podrá sentir celos no solo de los otros hombres, sino incluso de su carrera y hasta de sus amistades. Es muy importante que su elegido sea bien educado y la valore. Visualice a su novio como el esposo y padre del mañana, trate el asunto de los hijos y dese cuenta, por la forma de tratarlos, si a él le gustan los niños o los detesta. Este tema es de primordial importancia, de esta manera, podrá usted saber, cómo él piensa a futuro, en educar, criar, sostener, y cuántos hijos le gustarían tener para formar una familia. El hombre que se interesa por una mujer tratara de ser cordial, respetuoso, puntual en las citas y galante, siempre tratando de halagarla. Desde el principio, usted disponga a dónde ir, recuerde él invita, usted decide, así se irá acostumbrando. Tome en consideración sus hobbies, quizás no tengan los mismos gustos, pero con el tiempo podrán acostumbrarse. En esta época sabemos que el matrimonio no es fácil, pues los divorcios aumentan cada día más y uno se casa deseando ser feliz. Sobre todo, nosotras las mujeres, que queremos realizarnos como madres. Por eso le repito, antes de enamorarse consideré estos detalles, pues ya cuando la mujer se enamora, el asunto se torna más difícil.

Cuántas veces ha escuchado que "el amor es ciego", pero también hemos oído que "más vale prevenir que lamentar". Para conquistar a un hombre, en primer lugar, debe mejorar a lo máximo su aspecto personal e intelectual, asista a clubes privados, a elegantes eventos sociales, visite museos, exposiciones; no frecuente bares o tabernas, podría ser decepcionante si conoce algún hombre ahí. Y recuerde el ser agradable, simpática y tener buenos modales son primordiales en el arte de conquistar.

UNA HIJA ADOLESCENTE

Si usted es una hija obediente y siguiendo los consejos de su madre, terminó una carrera profesional, consiguió un buen empleo, con un sueldo excelente, tiene un carro último modelo y ha viajado por medio mundo, la felicito, solo que hay un problema, seguramente está soltera.

Despreció a sus pretendientes, estaba muy ocupada en convertirse en una mujer de éxito. Sus amigas ya se casaron, son madres de un par de lindos bebés y sus antiguos amigos ya no la llaman, sus exnovios están casados o son solteros empedernidos. Los disponibles no cuentan con la preparación de usted y difícilmente le darían la vida a la que está acostumbrada. Su mamá le recomendó no involucrarse con hombres "inferiores" a ella, y así se van pasando los años y la soltería continúa. Desgraciadamente, a cierta edad en que los hombres que valen la pena son casados, algunas mujeres aceptan salir con ellos por su dinero, algunos son divorciados, por lo tanto, no llegarán nunca a formalizarse y terminan convirtiéndose en sus amantes.

Y eso no es lo que su madre desearía que le pasara a su linda, exitosa hija y excelente mujer profesional. Si usted es de este tipo de mujeres "preparadas", sea realista, ubíquese y trate de encontrar el verdadero amor, aunque sea con alguien que no esté a su nivel intelectual y económico. No se sienta mal si conoce a un hombre pobre, pero educado, que la quiera y la respete. Un hombre así puede valer oro. Pueden formar una bonita pareja y llegar al matrimonio, donde los dos colaboren; recuerde que miles de mujeres han impulsado a su marido, sin perder categoría. Usted tiene la inteligencia y él el deseo de progresar, anímelo. Actualmente, encontramos matrimonios felices, pero con diferentes profesiones, inclusive yo conozco parejas, una en donde ella es juez y su marido constructor; otra, ella es doctora y está casada con un vendedor de carros, claro no son del mismo nivel profesional, pero sí es en el plano social y educativo.

Si la pareja se ama, se respeta, tiene los mismos hobbies, se llevan bien sexualmente y hay una excelente comunicación, ya llevan todas las de ganar. Busque esa pareja y olvide los complejos que no la dejan vivir feliz. No importa su edad, si ha soñado con una bella boda, la tendrá, y ambos compartirán un bonito hogar, y su señora madre, estará sumamente complacida.

Ella al verla realizada como mujer, esposa y madre se sentirá feliz y cuando lleguen los nietos, pondrá en segundo plano los títulos, profesiones en los que tanto pensaba y gozará a esos niños, sabiendo que sus padres están felizmente casados. Pues encontrar el verdadero amor, es algo maravilloso.

LA PRIMERA CITA

La mujer desde hace siglos se ha valido de artimañas para conquistar al hombre, lo difícil es conservarlo y lograr su objetivo, el matrimonio. En la primera cita depende que él se interese por usted, pues él califica: Presentación, simpatía, educación, comportamiento y valorización.

Vamos a suponer que ya está invitada a cenar, por supuesto usted ya sabe en qué trabaja y su teléfono, de preferencia dígale el sábado, si no acepta, seguramente está casado, si es así olvídelo. Que la llame para confirmar la cita, el lugar y la hora. Si vive sola, no se lo diga, que crea que vive con sus papás o una supuesta tía, de esa forma le inspira más respeto. Aunque sea sencilla su casa, debe estar limpia y ordenada y con flores naturales. Seleccione su ropa de acuerdo al lugar, no olvide el perfume, asegúrese que no sea vulgar, (usted me entiende). Cuando toque a la puerta, si tiene, es mejor que la sirvienta abra, lo pasa a la sala y le dirá: "Voy a avisarle a la señorita". No lo haga esperar, pero tampoco salga inmediatamente, le presenta a la familia o le dice que su tía está por llegar.

No olvide elogiarlo, el hombre es más vanidoso que la mujer. Usted se retira para ir por su bolsa y abrigo. Se lo da para que le ayude a ponérselo y espera que él abra la puerta como todo un caballero, usted cierra y se van. Cuando es un lugar elegante, la dama no deja el abrigo en el guardarropa, al llegar a la mesa, su compañero la ayuda a quitárselo, se lo da al capitán y él le da el boleto. Se sienta por el lado derecho del asiento. El mesero dirá: "¿Qué gustan tomar?" Usted no se dirige al mesero, sino a su compañero y le dice qué le apetece tomar. De antemano ya debe usted saber, no pida lo de él. El caballero da la orden o si prefiere vino, pide la carta, esta no debe de estar en manos de usted, pero puede sugerir el vino de acuerdo a la cena. No beba más de dos copas. Luego, al ver el menú, de nuevo le dice a él qué quiere ordenar. Procure no pedir algún platillo excesivamente costoso.

Cuide su conversación, no cuente intimidades, ni críticas. Dígale: "Que suerte de conocerte, contigo me siento muy a gusto, se ve que eres inteligente". Si él no fuma, no fume. Si la invita a bailar, no lo haga exagerado. Si desea ir al tocador, después de cenar, dígale: "Me disculpas, en un momento regreso", ahí se retoca el maquillaje y el perfume. A la hora convenida, Usted le dice: "Es hora de irnos, por favor, pide la cuenta y mi abrigo" Ya de regreso, enfoque su conversación en sus hobbies favoritos, dígale que le gustaría acompañarlo, alabe el lugar al que fueron, coméntele que estuvo feliz; al llegar a su casa, le da la llave para que él se baje y abra la puerta, un besito cariñoso. Luego dígale: "Pasé una noche maravillosa, buenas noches", él tiene que decir: "Gracias, por acompañarme, te llamaré".

COMO DIOS LO MANDA

El sueño de todos los padres es ver que sus hijos se casen como "Dios manda", y el sueño de toda mujer es conservarse virgen, tener una hermosa boda, casarse vestida de blanco, con el hombre que ama, que la respetó y que la hará esposa y madre.

Sin embargo, en esta época se ven un sinnúmero de parejas que viven en unión libre. En Suecia empezó este modernismo que actualmente es mundial. Los padres aceptan que sus hijos sostengan relaciones sexuales sin casarse. Alegan que un hijo o hija, cuando están enamorados es mejor que vivan juntos, así continúan estudiando. A menudo, viven con los papás o ponen un pequeño departamento, se cuidan de no tener niños y si la relación es buena, en el futuro se llegan a casar. Nosotros como latinos, nos cuesta aceptar ese estilo de vida, algunas personas están chapadas a la antigua, otras son más condescendientes con la idea. Sabemos que no es lo ideal, pero muchas veces, es más conveniente esta situación a ver tantas jovencitas embarazadas, dando a luz a niños nacidos para perder, pues el papá es un pandillero drogadicto y ella una muchacha desorientada.

Por otro lado, cuántas mujeres ya entradas en años, se arrepienten de no haber oído la llamada del amor y haberse resistido a huir con su enamorado, quien, cansado de suplicarle, decidió emprender el vuelo a otras tierras. Otro hubiera sido su destino, pero uno nunca sabe qué pasará en el futuro. Las que se arriesgan a huir porque ambos padres de la pareja se oponen, por lo menos que le dé a ella promesa de matrimonio, así ya casada, ellos tienen que aceptar y más si son mayores de edad, y pues no les queda otro remedio que perdonar.

Actualmente cuando una muchacha joven decide entregarse al hombre que ama, pero no contempla un futuro matrimonio, debe pensar: ¿Arruinaré mi vida y la de mis padres, trayendo un hijo al mundo irresponsablemente? Y si sabiendo que se arriesga, que muy probablemente solo la use y se aleje, si aun así, lo quiere hacer, por lo menos deben de usar métodos anticonceptivos, ella la píldora y él recurrir al condón. Debe de pensar que para él fue un momento de placer, y que para usted puede ser un trauma que la desvaloriza. Los hombres siempre distinguen a las muchachitas fáciles y coquetas, que son las que pierden, y qué pena es observar en las estadísticas, que las jóvenes latinas se convierten en madres solteras más que otros grupos étnicos. Y es imperativo comprender que la maternidad es para toda la vida, es una gran responsabilidad que no termina, ni cuando el hijo cumple la mayoría de edad, se muda de casa o contrae matrimonio, somos madres para siempre, hasta que Dios nos permita vivir.

¿Entonces, qué pasa? Que orgullo es llegar como Dios manda a la iglesia, con todos los honores, porque después hay muchos sinvergüenzas, capaces de decir: "Te hice el favor" y eso amiga, no quiero que le pase a usted.

UNIÓN LIBRE

Se dice: Viven en unión libre, juntos o en pareja, o dicho vulgarmente "arrejuntados". En esta época, desgraciadamente muchas mujeres aceptan esta situación y lo peor es que traen hijos al mundo. Seguramente el novio le dijo: "Vamos a vivir juntos y si nos llevamos bien nos casamos". Así es como la pone a prueba, sin darle ningún valor ni seguridad, y así pasan los años, luego de 3 ó 4 hijos, ella le pide que se casen y le contesta: "Si así vamos bien, para qué nos casamos, a lo mejor cambias".

En primer lugar, no están bien, ni con Dios ni con las leyes, no tienen ningún amparo, y si viene un pleito, fácilmente la pone "patitas en la calle". Cuántas mujeres invierten en esta unión libre, su trabajo y dinero para la casa o lo ayudan en su negocio y si no hay nada firmado, no se quedan con nada en un pleito y ¿de qué sirvió tanto esfuerzo, por tantos años?

Pobres hijos ilegítimos, aunque usted puede reclamar la manutención de ellos, se darán cuenta de la situación y le reclamarán el no haberse casado con su padre, preguntarán: ¿Por qué no te casaste? ¿qué no te quería? ¿Qué les va a contestar? Son preguntas que en un momento dado son sumamente difíciles de contestar, sobre todo cuando son hechas por los hijos. Si todavía es tiempo y existe amor, dígale que quiere casarse, sin hijos o sin ellos. Si es usted católica y bautizó a los niños, seguramente querrá que hagan la primera comunión y para esa celebración será de mucha satisfacción si tanto usted como su esposo comulgan, claro si están casados por la iglesia. Educar a los hijos religiosamente es una base muy necesaria para su crecimiento espiritual. Veamos el ejemplo de muchas artistas que viven como prueba, en amasiato o unión libre, si duran, se atreven a traer hijos al mundo, algunas parejas después se casan, otras no, pues los compromisos de trabajo les da mucha inestabilidad por sus largas temporadas de filmaciones y tienen miedo de comprometerse. Sin embargo, yo apruebo más la vida de Elizabeth Taylor, se casó 6 ó 7 veces, como Dios manda, y es de suponer que en cada matrimonio ella pensó que sería para toda la vida, tuvo varios hijos, y cada uno de sus maridos la amó y respetó en su momento, dándole su lugar y apellido, como debe de ser y la sociedad la aceptó y la admirará siempre.

El matrimonio es un sacramento y ley que no puede desaparecer, es la base de la sociedad y el apoyo de la familia y las parejas que se aman de verdad no dudan en realizarlo. Y aunque muchas parejas de casados a menudo piensan en el divorcio, solo un pequeño porcentaje decide hacerlo, pues es bien sabido que el matrimonio es el estado perfecto del ser humano.

MANDAMIENTOS DEL MATRIMONIO

Dígase: Me caso para ser feliz y trataré, de mi parte, porque así sea. Antes de casarme le pediré a mi futuro esposo, ponga en un papel todo lo que espera de su mujercita, y yo a mi vez, todo lo que deseo de él. Él no se puede negar, ya que es el contrato más importante de la vida. Recuerde, tenga decisiones propias, por ejemplo: "Tú decides que película ver, yo decidiré la próxima, y así todo lo que desea. No la ley del embudo: "Todo para él, nada para uno".

A continuación, veremos los mandamientos del matrimonio.

1.- Sea exageradamente limpia en su persona y su hogar. Nunca es demasiado cuando se trata de pulcritud, comparta su baño y su casa en orden, tenga flores naturales, que todo huela bien. Cuando decidan salir, no lo haga esperar, eso le desespera.

2.- Satisfacción sexual. Sea seductora. La mujer de hoy debe estar bien enterada de lo que al marido le gusta, es para toda la vida.

Un día sea romántica y sensual, otra divertida y juguetona, otra tímida, vergonzosa, misteriosa, multifacética.

3.- Nunca pierda la alegría de vivir, sea optimista, coqueta, atractiva, cuide su figura, siéntase importante, dígale que tiene todas las cualidades para hacerlo feliz, no sea celosa.

4.- No acepte bromas de mal gusto, juegos pesados

o falta de respeto, no permita que en su matrimonio exista el abuso físico, verbal, psicológico. Dígale que no se casó para sufrir, dese a valer, usted no es su esclava. El hombre llega, hasta donde la mujer quiere.

5.- El enemigo de la mujer es otra mujer. Duele mucho perder al marido, pero duele más que la infidelidad sea con una íntima amiga, vecina, familiar. Sea amable con ellas, ayúdelas si lo requieren, pero que no intimen con su marido, ni en su casa.

6.- No sea gritona, dominante, celosa, no le diga: "Ya no me quieres, ya no te importo, ya no eres lo que fuiste". Ante sus ojos, se está humillando, dese a valer.

7.- No se invente enfermedades, no sea hipocondríaca. Una mujer quejumbrosa y enferma, cansa. No invente pretextos para no acompañarlo, nunca diga no a una invitación de él.

8.- No trate de ahorrarle dinero, no se lo agradecerá. Lo único que ganará es que pierda categoría ante su esposo. Que sepa que su mujer cuesta y lo tiene que representar bien, lo mismo para su casa e hijos, pero no exagere, no lo vaya a dejar en la calle.

9.- Jamás piense que los hijos son para retener al marido, que tristeza que por ellos viva con usted, no porque realmente la ame.

10.- No se llene de hijos. Yo recomiendo que si su

matrimonio es feliz y estable, tenga dos seguidos, más de eso es un lujo en estos tiempos. Así tendrá la parejita, o dos hermanos que crecerán unidos y psicológicamente apoyados. Se educan y viven mejor y si por desgracia viniera un divorcio, es más fácil rehacer su vida y educarlos. Siga estos consejos y logre un matrimonio feliz.

LUNA DE MIEL

En el pasado, la luna de miel, rara vez era satisfactoria sexualmente para la mujer. La noche de bodas, que debía ser romántica, bella y seductora, se convertía en una noche de llanto, traumas y enojos. ¿Por qué? Pues sencillamente, no hubo comunicación de la pareja. Esto requiere de largo tiempo, para eso es el noviazgo, para hablar, para desechar temores y responder a inquietudes.

Algunas parejas, actualmente, llegan al matrimonio muy bien preparadas, de mente abierta y libre comportamiento, probablemente ya vivieron juntas un año o dos, y créame, amiga, que no lo critico. Ya no son los tiempos de antes, que, si "uno no era virgen, ya no valía nada", decían nuestras madres. Que equivocadas estaban. Nos educaban llenas de prejuicios y complejos.

Antes, la mujer a toda costa se mantenía virgen, el noviazgo duraba 4 o 5 años, salían al cine con chaperón, veían la televisión con la familia al lado, al despedirse solo un pequeño beso robado y ya se consideraba lista para el matrimonio. En la noche de bodas, el esposo, lleno de emoción y por qué no decirlo, de lujuria, sin importarle, si la apenas desposada mujer se encontraba preparada para el sexo, cumplía con lo que él consideraba adecuado y a la recién casada la dejaba: lastimada física y psicológicamente por el resto de su vida. Eso es solamente falta de educación sexual, situación que bien se hubiera podido evitar, al despojarse de prejuicios tontos que no les permitían hablar del sexo. Conozco muchas señoras que se dicen frígidas a consecuencia de su amarga experiencia en la soñada "noche de bodas" y tienen que recurrir a Psicoterapeutas, para quizás, con el tiempo, puedan tener alguna satisfacción sexual. Aunque varias de ellas me han confesado que jamás han tenido un orgasmo. Es increíble, tienen 3 o 4 hijos sin nunca haberse sentido plenamente mujeres.

Si ya de por sí el matrimonio no es ese cuento de hadas que todas soñamos tener, con nuestro príncipe azul como eterna pareja y vivir felices hasta que la muerte nos separe. Esas son fantasías, nos vemos obligadas a olvidarnos del romanticismo, pues todos los días nos levantamos con la batalla de la casa, los niños, la comida, muchas de nosotras trabajamos o estudiamos y tenemos que llegar a limpiar nuestro santo hogar. Aparte de eso, cada vez que el marido sienta deseos, tener que cumplir en la cama sin tener apetito sexual, y eso amigas, es para entrar en depresión crónica de por vida. Por eso hay que saber, de antemano, si al casarnos somos afines en esos menesteres, pues Dios no creo el sexo solo para procrear descendencia. Hay infinidad de libros que puede consultar para tener una mejor idea de cómo llevar su vida plena y satisfactoriamente complacida. O pueden recurrir a psicoterapeutas especializados en sexología, y no es necesario recurrir a sus clínicas, por medio de programas radiofónicos se puede hablar del asunto y recibir un buen consejo.

VALORÍCESE CON SU ESPOSO

Amiga, el amor es algo que no se explica, se siente, nadie puede definirlo, es ese sentimiento que hace que usted no sea completamente feliz sin la persona amada.

Cuando usted ama, desea compartir con ese ser todo cuanto piensa y hace. Los triunfos, las alegrías y por qué no también libre los malos ratos. Cuando uno decide unir sus vidas, ya sea bajo el matrimonio o en unión, es muy común pensar que la vida será como un cuento de hadas, que lejos de la verdad. Así pues, cuide su relación, riegue todos los días la plantita de su amor, porque el amor se acaba, si no hay esos pequeños detalles que eviten que el matrimonio se convierta en una rutina espantosa. Desgraciadamente cuando la relación fracasa y se ha esfumado la ilusión, no hay nada que hacer, ni los mejores consejeros o psicólogos del mundo pueden volver a unir algo que ya no existe. Sea una verdadera amiga, una gran esposa y una excelente amante.

Algunos hombres se aprovechan cuando ven que una mujer les entrega alma, vida y corazón; muy pocos son los que valorizan el verdadero amor, pues consideran que la mujer es de su propiedad y algunas toman el papel de esclava sin voluntad propia, empieza a pedir permiso para todo y así complacerlos, para así llegar a un punto en que no puede tomar una decisión por sí misma. Al principio a él le encantará esta situación, después la mujer, por sumisa, va perdiendo categoría, y en lugar de valorizarla, él empieza a rechazarla y a abusarla. Cuando la mujer reacciona y se cansa del papel de mártir, le va perdiendo el cariño y si llega a exigir un cambio, ya es demasiado tarde, pues él ya se acostumbró a esa forma de vida. Por eso es muy conveniente que desde el principio se estipulen reglas y que la mujer ponga mucho de su parte para que sea siempre la novia eterna y no una esposa desastrosa. La boda no es un final triunfal, es el comienzo de una vida, donde ambos deben poner: Amor, inteligencia, valorización y responsabilidad. Tenga presente que un matrimonio bien cimentado podrá durar, si Dios lo permite, de 50 a 60 años, por eso es de primordial importancia que esa pareja viva con amor. Cuántas veces hemos visto personas que se divorcian a los 30 años o más de casados y pregonan: Es que los últimos años ya no se toleraban.

Cierto es que vivir tantos años juntos no es nada fácil, pero si cada uno muestra respeto y cada cual tiene sus propias actividades, no cayendo en la dependencia absoluta, pues al final del día se reúnen y habrá siempre algo de que hablar, de qué comentar, algo que compartir.

Para lograr esto, debe planificar sus actividades, darse cuenta de que puede adaptarse a vivir sin presiones y que el matrimonio puede y debe ser una permanente fuente de ternura, amor y afecto. Amar a nuestra pareja es demostrarle que somos felices a su lado y que, en las situaciones buenas o malas, estaremos ahí para demostrárselo para el bien de nuestro hogar.

SEPA CONSERVAR SU PAREJA

Lo importante en el matrimonio es el respeto. Imagínese que en la calle usted es una gran dama, con un vestuario y maquillaje impecable, con finos modales y lenguaje muy propio. Sin embargo, en su casa se transforma en una mujer desaliñada, mal vestida, con unos modales espantosos y una forma de expresarse vulgar y corriente.

¿Cree que será capaz de mantener enamorado a su compañero? ¡Por supuesto que no! Las relaciones humanas se basan en hacer que la vida de los demás sea agradable y en comportarse con ellos como quisiera que se comportaran con usted.

¿Se siente usted a gusto al llegar a su casa y encontrarla en completo desorden? Si a usted no le parece agradable, a su pareja menos le gustará. En muchísimas ocasiones culpamos al marido, sin ver nuestros defectos. Y créame que son muchos. Recuerdo que mi mamá me contaba, que un amigo de la familia le decía: Señora Margarita, póngase en mi lugar. Voy a la casa de mi querida, siempre la encuentro muy bien arreglada, de buen humor, la casa impecable, me tiene el baño listo, la cena deliciosa, los niños limpios y bien educados, nunca grita ni me exige. En cambio, llego a casa de mi esposa, la encuentro desarreglada, tal y como la dejé en la mañana, siempre quejándose. Me exige, usando malas palabras exigiéndome más dinero. ¿Señora Margarita? ¿con quién cree usted que soy más feliz, con quién se iría? Mi mamá nada más le contestó: Con la querida, joven, con la querida. De verdad, muchas mujeres creen que por estar casadas ya tienen seguro al marido y descuidan muchos detalles y no hacen nada por corregirse, eso es un gran error. La mujer tiene que tratar siempre de estar linda y contenta para cuando llegue el marido, porque la competencia en la calle está muy dura.

Muchos maridos se quejan de que sus esposas no tienen más conversación que problemas de la casa, niños y dinero. Usted tiene que aprender cómo complacerlo, si practica algún deporte, acompáñelo, hágalo sentir único, el mejor. Trate temas de más interés, lea, eso es primordial para enriquecer nuestra cultura y poder tener conversaciones interesantes. Apóyelo en su trabajo, sea su amiga y confidente, conviértase en su brazo derecho, que dependa de usted en sus negocios, compenétrese más en su vida, sin hostigarlo, muy cautelosamente.

De vez en cuando, invítelo a un buen restaurante, a bailar, o prepare una romántica velada en casa, cocínele su platillo favorito, ponga una mesa preciosa con luz de velas; después de un aromático baño, juntos, dele un sensual masaje y hagan el amor como nunca antes, usted me entiende, renazcan al amor.

PROBLEMAS MATRIMONIALES

Me imagino que muchas veces se ha dicho a sí misma: "Si realmente me quisiera, no haría lo que hace". ¿Por qué está convencida de eso? Ni la mujer ni el hombre tienen la fortuna de conocerse sin máscara antes de casarse.

Él y ella tienen sus pequeños secretos. Así pues, ambos se enamoran de una imagen y no de una persona real, meses después de que se han casado, es cuando explotan, porque empiezan a notar que él no era todo lo paciente y responsable que parecía, ni ella todo lo eficaz y comprensiva que simulaba ser. Debo decirle que el verdadero amor consiste en adaptación de gustos, hobbies y comunicación clara, pero de la mujer depende que se dé su lugar, así, como puede permitir algunas cosas, hay otras que no puede pasar.

Los problemas más comunes en el matrimonio son por falta de dinero o de sexo. La mujer, ante la religión, tiene muchas responsabilidades, debe ser: Esposa, amante, madre, compañera, colaboradora; siempre con categoría, dándose su lugar, sin aceptar bromas de mal gusto, golpes, malos tratos, ni faltas de respeto. El sexo es parte fundamental del matrimonio; un sexólogo dijo, es el acto del descubrimiento y hay que encontrar en el cuerpo, tanto uno como el otro, el lugar donde se goza más. El hombre se siente realizado con una mujer que lo complace 100 % en la cama.

El hombre que comenta: "Voy y vengo y mi mujer no dice nada, si le pido sexo, me lo da y sino tranquila", considero que es una pobre mujer, que no se da su lugar, pues ella tiene tanto derecho a desear hacer el amor, como él. Al iniciarse en la vida sexual, le agradó y puede solicitarlo, siempre que quiera, con todo el derecho del mundo. El peor insulto para una mujer es que la consideren frígida, y generalmente, no es problema de ella, casi siempre lo que pasa es que el hombre es un mal amante y necesita ayuda profesional. No crea que mejorar el matrimonio es solamente responsabilidad suya, se necesita el apoyo y colaboración de ambas partes. Sólo los dos juntos pueden cambiar la relación. Analice su propia actitud y la de su esposo, tenga paciencia y constancia, pero no espere resultados instantáneos. Y si sus mejores esfuerzos a la larga no rinden resultados, entonces, repito, consideren la posibilidad de consultar su caso con un psicólogo o con un consejero matrimonial.

Este libro la va a ayudar mucho, si está por casarse, lea usted y su prometido los mandamientos del matrimonio, es importante que lo hagan, que tomen conciencia del paso que van a dar y que hablen con parejas que lleven varios años de casados, algunos les dirán que su matrimonio ha sido un infierno, otros lo bendecirán, y con amor les aconsejarán como ir sorteando los problemas matrimoniales. Y aunque el matrimonio es impredecible, aún y con mucho orgullo, existen parejas que celebran sus bodas de diamante a los 75 años de casados, rodeados de hijos, nietos, bisnietos y algunos tataranietos.

SEA COQUETA CON SU ESPOSO

Qué bonito es ir a una boda en donde los novios lucen en todo su esplendor, y qué triste es ver al paso de los años a esa pareja olvidar la promesa que hicieron ante Dios y verlos separados, y todos sabemos que aparte de que ellos sufren, traen consigo mucho dolor a los hijos y a la familia.

Esas palabras "hasta que la muerte los separe", se esfuman a través de los años. No podemos culpar solo al hombre de esa separación, a menudo la mujer es responsable de la misma. No supo retener el amor de su marido, por eso se dice que es más fácil, conservar que conquistar. Después sobreviene el divorcio, como cosa inevitable y los dos resultan afectados, pues ambos dejaron de darle importancia a la responsabilidad que habían adquirido. La mujer generalmente se descuida, se abandona, se deja engordar, con la excusa de la maternidad, pierde la coquetería, se deja llevar por la rutina diaria, el cuidado de los hijos, la comida, la casa, y con el tiempo no queda huella de la linda muchacha que llegó a la iglesia vestida de novia.

Llega el momento de que tanto física como emocionalmente está acabada, pues se vuelve histérica, exigente, gritona, y el hogar con el que soñó se convierte en algo insoportable. Muchas mujeres culpan al marido, sin aceptar que ellas tienen también mucha culpa. El matrimonio no es fácil, no es un lecho de rosas, es trabajo de 24 horas y muy pocas veces apreciado. Es como una plantita que, si no se riega a diario, se va secando, y cuando nos damos cuenta ya no hay nada qué hacer. Trate de conservar la paz, armonía y felicidad en su casa. El hombre aprecia mucho que su hogar esté limpio y ordenado y que sea eso, un hogar, no un campo de batalla. Hágalo sentir especial, son más vanidosos que nosotras, le gusta que lo alaben, dígale que le gusta mucho y más cuando le hace el amor.

Nunca diga no cuando la invite a salir a bailar o a algún compromiso social, y no lo haga esperar, eso les fastidia, arréglese súper-bien, al hombre le gusta que le floreen a su mujer, pero que le sea fiel. No tenga más que uno o dos hijos, para tener tiempo con él, trabaje unas horas para ayudarlo con los gastos, anímelo a progresar, use la psicología femenina para cautivarlo, dele ideas novedosas y haga planes para pasear. Y si desgraciadamente, viene el divorcio, que usted se sienta tranquila, porque fue una gran esposa e hizo todo lo posible por hacerlo feliz.

Algunas mujeres, ya divorciadas, y que no caen en la depresión, tratan de recuperar su figura, asistiendo a un gimnasio, se arreglan el cabello, se lo cortan, se lo pintan, recurren a faciales, masajes, maquillajes. En fin, buscan un nuevo "look" para cuando el marido visite a los hijos, se vean encantadoras, guapísimas y darle a entender: "Mira lo que dejaste". Demasiado tarde señoras, ¿Por qué no lo hicieron antes? Hay que mantener al marido enamorado de uno siempre. Sea coqueta y seductora con el hombre de su vida.

SU MARIDO, ESE DESCONOCIDO

Hay muchas mujeres que están alucinadas por sus hijos, les dedican demasiado tiempo y al esposo lo descuidan, dejándole toda responsabilidad con respecto a los pagos de la casa, las tarjetas, los automóviles. Algunas señoras hasta ignoran la marca y las placas del auto del esposo, no saben el número de licencia, ni siquiera su seguro social. Creen que los van a tener toda la vida, pero desgraciadamente no es así. Les relataré una experiencia de una alumna mía: Ella vivía feliz con su marido y 4 hijos, nunca había trabajado, ya que él ganaba muy bien.

Una mañana partió hacia San Isidro, pues iba a visitar a unos compadres. En todo el día no se comunicó, por la noche ella vio en las noticias sobre el hombre que entró a McDonald's y mató a mucha gente, llamó a sus compadres pidiéndoles que checaran si su auto estaba estacionado ahí, efectivamente así era y su esposo estaba entre los muertos.

Mi alumna no podía creerlo, de pronto se vio sola con sus niños, sin saber cómo saldría adelante, ignoraba tantas cosas, después se enteró de que tenía otra mujer e hijos. Tardó más de 3 años en recuperarse. Al principio su familia se acercó a ella para consolarla, pero poco a poco, se fueron alejando y así comprendió que tenía que enfrentar su problema sola. Tomó el curso conmigo y eso la ayudó mucho emocionalmente, le dio seguridad en sí misma y ahora se dedica a las ventas y se siente más ubicada. Que esto le sirva de ejemplo, para que esté al tanto de los asuntos financieros y personales de su marido, pues en muchas ocasiones vivimos con un desconocido. Trate de familiarizarse más con las finanzas y manejo del empleo de su esposo. Algo muy curioso, que sucede en la capital de México, de lo cual me percaté en los años que regresé a vivir allá, es que existen muchos divorcios, después de 25 o 30 años de casados, es increíble, cuando se supone que después de tantos años van a terminar la vida juntos, pero no es así. La esposa se dedicó a atender más a los hijos que al marido y cuando estos se casan, se dan cuenta de que ya no tienen nada en común y que sostuvieron el matrimonio por los hijos.

Ojalá que no le pase eso a usted, por eso no olvide los detalles con su esposo, que él sienta que la necesita, y le repito, entérese de sus finanzas. Mujer prevenida, vale por dos. Por si un día él muere o se separan por divorcio o cualquier circunstancia de la vida, usted puede salir adelante con sus hijos, siempre es bueno que tenga un ahorro secreto para el futuro que es tan incierto.

NO EXPONGA A SU MARIDO

Sabía que entre las muchas incapacidades que se le han atribuido a la mujer, una de ellas es la imposibilidad de sentir una amistad sincera y leal a otro ser de su mismo sexo, la malicia y la envidia son las trabas que han sido atribuidas a la amistad femenina.

Claro que es verdad que estos defectos existen en la relación entre dos mujeres, al igual que entre los hombres, pues había que preguntarse, cómo es posible que la misma mujer, capaz de duros sacrificios por ayudar a una amiga, reaccione negativamente ante un triunfo de la misma y la envidia y la crítica destruya los fundamentos de la amistad.

Trate de conservar a su buena amiga, pero recuerde, el enemigo de una mujer es otra mujer. A una mujer le duele mucho que su esposo la cambie, pero más le duele que sea con una íntima amiga y eso sucede desgraciadamente muy a menudo y la culpa es de la esposa que invita tanto a la amiga a su casa que él se la encuentra hasta en la sopa.

Hay mujeres tan tontas que alaban a su amiga con el esposo. No caiga en ese error, hay maridos buenos que aman a sus esposas, no tienen ojos para nadie más, pero si la misma esposa no deja de hablar de la amiga, él sin darse cuenta se empezará a interesar por ella. Y llegará el momento en que se queden solos, y con una sonrisa coqueta, una mirada, será más que suficiente para despertar la llama del deseo prohibido.

El caso de una prima que comentaba: "Qué delicioso cocina Susanita, que delgada se ve, que bonito se peina, oye Marcos su esposo no la puede llevar al oculista, llévala tú", y tanto la llevó, que se enamoró de Susanita. Huyeron juntos, el marido de ella le quitó a su hijo, mi prima como tenía 6 hijos no lo pudo dejar, pues no sabía hacer nada. Con el tiempo ellos tuvieron 5 hijos y con mi prima 2 más. ¿Patético, no es cierto? Que le sirva de ejemplo.

Cuide a su marido, con la que menos usted piensa él se puede aprovechar. No permita que intime con su amiga, la pueden traicionar. Si la visita, antes de que llegue su marido dígale que se retire, pues a él le gusta encontrarla sola. Recuerde que: "En el arca abierta, hasta la más justa peca" Inclusive pasa con la misma familia.

Una chica muy linda de unos 25 años vino a vivir con sus tíos para estudiar, se inscribió en mi escuela de personalidad y posteriormente dio algunas clases de yoga a mis alumnas. Hicimos buena amistad, y un día, llorando me confesó que su tío la abusaba sexualmente y ya llevaba 3 abortos, le dijo que podía meterlo en la cárcel, no quería escándalos y prefirió volver a su país.

Dos años después me escribió contándome que se había casado y era feliz. Por cierto, la tía jamás se enteró. Muchas veces, con la mejor intención queremos ayudar a la familia, permitiendo que pase una temporada entre nosotros, pero hay que saber a quién y estar siempre muy alertas.

CUIDE A SU MARIDO

¿Qué hace una mujer cuando tiene la sospecha de que su marido se está entusiasmando con otra mujer? Ya sea que se enteró por una amiga o que ella lo comprobó por sí misma. El dolor es muy profundo, pero tiene que enfrentarse a luchar y a defender lo suyo, lo peor en no darse por enterada, como algunas mujeres que opinan que todos los hombres tienen aventuras y dicen: "Se le va a pasar, al fin yo soy su mujer, y mientras me tenga bien a mí y a mis hijos, no me importa lo que hace de la puerta hacia afuera".

¿Usted ha oído ese comentario? Yo sí, infinidad de ocasiones, y si ese es su caso, permítame comentarle, al principio el hombre la ve como una aventura pasajera, luego como amante y si ella se enamora, para retenerlo, le da un hijo y se convierte en su querida y ahí se complica la vida. Y si usted quería conservar su matrimonio, quizás ya sea demasiado tarde y él le pedirá el divorcio.

Aprenda a defender lo suyo, pero con categoría, en cuanto se dé cuenta de que anda con otra, en privado, sin gritos, sin escándalos, con mucha calma, hable con él, diciéndole que usted no nació para aguantar esa situación y que va a ver a un abogado, pero en serio. Por favor, no llore, es contraproducente, ni se humille y menos le diga que no puede vivir sin él. Los hombres al ver ese tipo de actitud se vuelven más insensibles y prepotentes. Y no use a los hijos para retenerlo, qué tristeza es tener al esposo en casa, obligado por los niños y no por el amor y la lealtad que pudiera sentir por usted. No dé a conocer a sus hijos el comportamiento de su padre, ese es su problema, no de ellos, cuídeles su salud mental. Si él apenas empieza con la relación extramarital y usted aclara las cosas a tiempo, seguramente recapacitará, pues el 90% de los hombres no quieren destruir su hogar, le temen al divorcio y a sus inconvenientes, pues la mujer actualmente se encuentra muy protegida por las leyes familiares. Así pues, él dará por terminada esa ridícula aventura y la paz y el amor reinarán en su hogar. No lo piense, actúe. Si la "otra", es jovencita, como ocurre en muchos casos, son muchachas inexpertas e hijas de familia. Localice su dirección y preséntese en la noche a su casa, cuando estén sus padres. Probablemente, no saben que es casado y con hijos. Dígales que espera que su hija reaccione y lo deje, pues usted está decidida a salvar su matrimonio.

Ojalá usted sea de las mujeres que nunca han tenido problemas matrimoniales, pero la mayoría los tenemos. Me llama mucho la atención notar que las parejas se separan a los 7 años, recuerda la expresión "la comezón del séptimo año". Parece ser que los años múltiplos de 7, no son muy buenos, en lo que se refiere a relaciones sentimentales. Pero no hay que sugestionarse, es mejor decir: ¡Estoy casada con un buen hombre, pues a cuidar esa relación!

OJO CON SU MATRIMONIO

Amiga, la mayoría de las mujeres cuando se casan, ven realizados sus sueños y cuando se siente correspondida, pone todo lo que está de su parte para conservar a su marido enamorado, pero con los años hay muchos detalles que se pueden descuidar. La mayoría de las mujeres creen que se casan para toda la vida y se confían, por eso es sumamente importante ponerle ojo a su matrimonio. Desgraciadamente, cuando la relación fracasa y se ha esfumado la ilusión, no hay nada que hacer, ni los mejores psicólogos del mundo pueden realizar el milagro de fortalecer un sentimiento que ha desaparecido completamente, por eso cuide su matrimonio.

Le voy a decir unos síntomas para que esté prevenida y ponga remedio a tiempo. ¿Ha notado un cambio drástico en su vida sexual? Si él antes estaba dispuesto todas las noches y ahora se considera dichosa si lo hacen una vez al mes, ¡Ojo! Empiece a decirle que lo necesita por lo menos una vez por semana, ¡Edúquelo!. Si empieza a criticarle que ya no es la de antes, cambie su tono de pelo, póngase a dieta, vístase más sexi, sea coqueta. Si no quiere hacer planes con usted para el futuro, es porque sabe que no habrá futuro.

Si ya no está accesible los fines de semana y busca excusas para ir solo, casi seguro está viendo a otra mujer, y muy probablemente está tratando de romper la relación gradualmente. Esa es una señal inequívoca de infidelidad.

Si va demasiado a juntas de trabajo, ¡peligro! usted fije los días para compartir más tiempo con usted y sus hijos. Si antes le decía: "Paso por ti" y ahora le dice: "Yo te llamaré", a las claras hay una relación extramarital. Enfréntese a estos puntos, pregúntele qué está pasando, busque comunicación y, por las dudas, esté prevenida, adelántese, consulte a un abogado. Mujer prevenida, vale por dos. Si detecta estos síntomas a tiempo, todavía hay remedio, pero si se hace la disimulada y le pasa todas estas irregularidades, cuando lo quiera parar, ya será demasiado tarde y seguramente la dejará por la otra mujer y eso usted ni lo quiere, ni se lo merece. Actúe con inteligencia y conservará su matrimonio.

He aconsejado exitosamente a mis alumnas, que, si quieren reconquistar a su marido, recurran al viejo truco de los celos. Usted no logrará nada mendigando amor, al contrario, arréglese, que no la vea descuidada y con algunos telefonemas un tanto cuanto "misteriosos", autoenviándose hermosas flores "sin tarjeta" y comentándole que un buen automóvil pasa muy seguido por su casa, él seguramente se pondrá alerta y volverá a cuidar de su relación matrimonial.

Pues dicen que más vale prevenir que lamentar y sería muy lamentable para él, perder a la mujer de su vida. Hable, aclare, que no falte la comunicación, no es bueno hacerse la disimulada, hay que encarar el problema, no por alguna aventurilla, de pronto se vea amenazada la relación matrimonial que les ha costado tantos años, tantos sacrificios, tantos desvelos, tantos sinsabores, sacar adelante.

MI SUEGRA ¿AMIGA O ENEMIGA?

Ha llegado el momento de abordar este tema. Puede resultar escabroso o, por el contrario, sumamente placentero. ¿Tiene usted suegra, se lleva bien con ella? ¿O son enemigas acérrimas? Esto puede llegar a ser muy controversial. Ante todo, es la madre del ser con el cual usted comparte su vida. Por lo tanto, él la quiere tanto como a usted. Si por alguna razón ella no le simpatiza, sea lo suficientemente inteligente para no demostrárselo. Y lo bastante madura para darle su lugar ante su esposo; si solo ocasionalmente se reúnen, lleve la fiesta en paz.

Enseñe a sus hijos a amarla y respetarla, pero no permita que ella sobrepase los límites. Una abuela es para consentir a los nietos, no para educarlos. Ella es parte integral de su familia; he visto fracasar matrimonios por causa de una mala relación suegra-nuera. El marido se ha visto con el dilema de escoger entre su madre y su esposa, y eso amiga, no tiene por qué ocurrir. Ellas son ya mayores, tienen otra mentalidad, por eso es que hay que tenerles paciencia.

Nuestra idiosincrasia nos inclina a tener una mala opinión de las suegras, pero no siempre es así, las hay sencillamente maravillosas. Tanto que llegan a ser excelentes amigas de sus nueras. Y llegan a compenetrarse tanto, que cuando las conocemos, creemos que son madre e hija. Recuerdo una pareja divorciada en que el hijo se fue y la suegra vivió con la nuera hasta que ella se volvió a casar. Y se convirtió como en su segunda madre. Fueron amigas por siempre. Si usted ha tratado, pero no puede llevarse bien con su suegra, trate de relacionarse con ella, cuando sea necesario, en una forma superficial pero sincera, manteniendo cierta distancia, en lugar de tomar su comportamiento negativo como afrenta personal. Aunque reconozco que hay algunas mujeres imposibles de tratar, mi Tía Delfina me contó que vivió con su suegra varios años y antes de morir la llamó y le dijo: "Perdóname Delfina, perdóname, si no Dios no me va a perdonar". Cómo sería la vida que le dio.

En última instancia, si de verdad quiere tener una relación cordial con ella, trate de ver sus cualidades y no les dé tanta importancia a sus defectos. Pero de preferencia, si se puede, se le construye o se le busca un pequeño departamento junto o atrás de su casa, lo importante es que ella se sienta independiente y usted también. De esta forma, usted hará menos tensa la situación cuando se reúnan, y su esposo tendrá mucho que agradecerle. Piénselo, cuando no puede con el enemigo, es mejor unirse a él, o a ella en este caso. Le deseo que salga bien de esta peculiar empresa.

LA INFIDELIDAD

Se dice que los hombres son bígamos por naturaleza y creen que de vez en cuando se pueden "echar una canita al aire", sin afectar su hogar. Lo malo de esta situación es que no saben disimular, ni mentir, y las esposas enseguida notan que hay algo raro en su comportamiento. Empiezan a dudar de ellos y al comprobar su infidelidad, piden perdón y como si nada, piensan que su "aventurilla" no dejó huella, que fue solo un momento de placer, y tratan otra vez de acercarse a su mujer buscando amor. Algunas mujeres, aunque resentidas, perdonan. Otras disculpan con la consabida frase: "Así son ellos" y se aferran a volverlo a conquistar, no lo quieren perder y menos si gozan de una buena posición económica.

El problema de esta situación es que actualmente hay muchas mujeres que se quieren cobrar con la misma moneda, y ahí sí realmente puede acontecer una desgracia. La mujer es muy sentimental y si busca una aventura puede ser que esté jugando con fuego. Conocer a un hombre, simpatizar, salir con él, llegar a una relación sexual, es de alto riesgo. No se lo aconsejo amiga, lo que al hombre puede no importarle una entrega, a la mujer sí, le remuerde la conciencia serle infiel a su esposo.

Piensa que les ha fallado a sus hijos, a su hogar, a su integridad moral, y lo que es peor, se puede enamorar como loca y destruir su matrimonio. Hay quienes abandonan a los hijos por seguir al amante. En ocasiones funciona y pueden forjar una relación duradera, pero... ¿Y si no? ¿Estaría dispuesta a perder todo, por nada? No se lo recomiendo, es una situación muy difícil y nada recomendable, podría arrepentirse toda la vida. Si considera que su esposo es infiel, que no va a cambiar y usted lo ha dejado de querer por esa causa y no lo puede perdonar, cualquiera que sean las circunstancias, es preferible pedirle el divorcio. Una vez que usted sea libre y pase algún tiempo, entonces puede rehacer su vida con un hombre que la respete y le dé su lugar. Ninguna mujer merece soportar infidelidades.

Sea cuidadosa, después de un divorcio, la mujer ya tiene experiencia y está para escoger, no para que la escojan, sea discreta, no haga exhibiciones amorosas delante de sus hijos, no se lo perdonarían. Y recuerde que se han dado muchos casos en que el padrastro trata de abusar de las hijas, el respeto es primordial en una nueva relación, nada de confianzas que puedan malinterpretarse. Pues hombres, hay muchos, pero nuestros hijos son sagrados y debemos cuidar su salud física y espiritual, para que volvamos a formar una bella familia.

¿ES USTED HIPOCONDRIACA?

Amiga, las enfermedades, desgraciadamente son parte íntegra de nuestro cuerpo, ¿quién no las ha padecido? Algunas son leves, otras crónicas, las hay pasajeras, otras son genéticas y muchas nos pueden llevar a la tumba, en fin, existen hasta enfermedades nerviosas o simplemente imaginarias, de ahí es que existe la hipocondría.

La persona hipocondríaca se caracteriza por sentirse enferma todo el tiempo, vive en un grito, se queja amargamente de absurdas enfermedades. Va de un médico a otro pidiendo alivio a sus males. Situación que muchos doctores sin escrúpulos aprovechan para explotarla como un mercado accesible y beneficioso para sus propios intereses. Le mandan hacer estudios, análisis, radiografías, cultivos, para que la persona se sienta que la están atendiendo bien y el resultado es cuentas altísimas y ninguna mejoría. Existe otro tipo de personas hipocondriacas, las que no están contentas con su físico y recurren a los cirujanos plásticos. Se someten a cirugías para eliminar arrugas, bolsas de los ojos, papadas, en fin, todo para verse más jóvenes.

Posteriormente deciden arreglarse la nariz, porque le encuentran defectos, si tienen suerte quedan bien, si no es un peregrinar de un doctor a otro, hasta que obtienen una bella nariz o desgraciadamente se la arruinan para siempre. Al poco tiempo, deciden hacerse una liposucción para reducir esas indeseables "llantitas", cosa muy seria, pues han proliferado médicos, que sin la debida experiencia, y muchas

114

veces sin licencia, practican este tipo de métodos. Recuerdo a una cantante conocida, que hace poco estuvo a punto de morir por una mala liposucción. Actualmente, tanto hombres y mujeres se animan a hacerse una cirugía plástica, cosa muy recomendable, pues si se tienen los medios económicos, el valor para hacérsela y la determinación necesaria, sería tonto no recurrir a ella. Hay cirujanos plásticos muy reconocidos que sin duda alguna harán un buen trabajo. Si ha decidido a operarse, investigue primero, pida referencias y prepárese psicológicamente para dar ese paso, pues cuando la operación es un éxito, les da a las personas mucha seguridad y eleva la autoestima muy favorablemente. Recuerde, que es muy importante la belleza física, indudablemente, pero la belleza espiritual es aún más hermosa. Hay personas que han gastado millones en cirugías, pero el tiempo no perdona y tarde o temprano viene la vejez, por eso es que hay que mantenernos bellas interiormente.

Y eso lo podemos lograr respetando a nuestros semejantes como a nosotras mismas, estableciendo contacto con personas que tengan algo en común con uno, y así formar un bonito grupo que nos permita intercambiar ideas, compartir hobbies, disfrutar juntos de una saludable caminata por los alrededores, salir a almorzar o a cenar, planear un pequeño viaje de fin de semana a algún lugar de diversión. Pero evité al máximo tener amistad con personas que su tema favorito sean sus incontables enfermedades.

RELACIONES PROHIBIDAS

Los matrimonios en segundas nupcias, según las estadísticas, tienen mejores posibilidades de éxito, porque ambos cónyuges tuvieron tristes experiencias y aunque trataron de salvar la relación no se pudo evitar llegar al divorcio. Hay casos en que él aporta sus hijos y ella los suyos y llegan a formar una bonita familia. Suena bien, ¿verdad?

Pero desgraciadamente, no siempre es así. Una mujer antes de volverse a casar, por muy enamorada que esté, tiene que conocer a fondo la educación y la moral de su prometido. Pues no solo va a vivir con usted, sino también con sus hijos, ya sean varones o hembras. Si son muy pequeños y no ven más al padre biológico, pueden llegar a considerar a su esposo como su verdadero padre. Por eso es muy importante que aclare esto con sus hijos, en especial si son niñas. Nada de confianzas, ni juegos pesados y un gran respeto se deben de guardar.

Se han dado muchos casos de que el padrastro se las va ingeniando, ganándose a su hija en contra de usted y, debido a su inocencia, le permite ciertos juegos en las que él la empieza a tocar indebidamente, creándose una situación incestuosa que puede durar años y usted sin darse cuenta. La chica se puede llegar a enamorar de él y ocultar todo, o por sentirse amenazada no decir absolutamente nada. Hasta que un día se descubre todo y este hombre termina en la cárcel, pero ya su hija queda dañada psicológicamente de por vida. Y consideré que no solamente pasa con las niñas, los niños corren el mismo riesgo. Por eso, más vale prevenir que lamentar. Abordo este tema, pues en la ciudad de Los Ángeles y en la ciudad de México en la XEW y Radio Asir, cuántas mujeres llegaron a abrirme su corazón, cuando ya era demasiado tarde.

Recuerdo un caso muy triste, una muchacha abusada sexualmente por años por su padrastro, al fin habló con su madre, pero ella cegada de amor por él, prefirió echarla a la calle, en donde tuvo que pasar la noche. Llamó para pedirme ayuda, al hombre lo apresaron y yo tuve que hablar con la madre para que reaccionara.

Esa mujer, como tantas otras por no perder a su "hombre", aunque no merecen llamarse así, son capaces de olvidar el sagrado deber de madres. Pero ante Dios, ese deber lo tenemos que llevar con amor hasta el fin de nuestra vida, por eso es tan importante que tengamos comunicación y confianza con los hijos.

Si usted no está segura de conocer bien al hombre con quien quiere rehacer su vida, es mejor esperar a conocerlo mejor, cuántas mujeres meten a sus amantes en su casa, sin importar la seguridad de sus hijos. Usted puede llevar una relación sentimental, sin necesidad de vivir juntos. Una vez que sus hijas se hayan casado y usted se encuentre sola, podrá formalizar con él.

DIFERENCIAS DE EDADES EN EL MATRIMONIO

Muchas mujeres hoy en día aceptan casarse con hombres 10 años menor que ellas. Las estadísticas han cambiado, pues antes se consideraba normal que el hombre fuera 10 o más años mayor que la mujer.

Sin embargo, creo que estaban mal, pues existen miles de viudas y pocos viudos, la mayoría de los hombres, mueren antes que sus esposas y las dejan, si se dedicaban al hogar, sin preparación para enfrentarse a la vida. Como afortunadamente, actualmente, en muchos casos, tanto mujeres como hombres se preparan a la misma altura, muchas se casan con hombres de la misma edad, y con un nivel intelectual parecido, por lo tanto, el machismo se está acabando.

Las parejas colaboran con los gastos, así como en los que haceres del hogar, planean cuándo llegarán los hijos y, de este modo, creo que estos matrimonios tienen más éxito. Cuando alguna pareja, con marcada diferencia de edades, viene a solicitar mi consejo, sobre si serán felices, les contesto: "La mayoría de los divorcios, se presentan en corte, por incompatibilidad de caracteres, por adulterio, por abusos; nunca por diferencia de edades. La moral y el comportamiento es lo que cuenta en una relación bien cimentada. Mentalmente, cuando un joven se enamora de una mujer madura, la cual puede llevarle 8 o 10 años, inclusive se ven casos de 20 años o más, él la respeta y admira en un alto grado y llegan a conformar excelentes matrimonios. La mujer le sirve de maestra y guía e inclusive si él está estudiando, ella trabaja y lo saca adelante en su carrera. Si usted está pensando en la diferencia de edades, ya sea que sea más joven o mayor, sepa que hay más fracasos cuando el hombre es mayor.

En la pareja lo más importante es el amor, la comprensión, la paciencia, la integridad, la educación, no la edad. Si alguien ya sea menor o mayor que usted, le ofrece matrimonio, si a usted le gusta, lo quiere, no desaproveche la oportunidad, ni tome en consideración el qué dirán, es su vida. Si hay química en una pareja, no importa: Edad, religión, raza, nivel social, cultural o profesional. Si él es soltero, viudo o divorciado. Si es pobre o rico, si es guapo o feo. Si es abogado o tendero, si es deportista o letrado, lo importante, lo realmente importante es el amor. Lo que cuenta es la dependencia, la confianza, la capacidad de amar sobre todo y sobre todos. Les deseo que sean felices.

¿ES SU MARIDO, UN ADICTO AL TRABAJO?

¿Está usted casada con un hombre adicto al trabajo? Por un lado, podría yo felicitarla, pues seguramente su posición económica es muy buena, pero por el otro lado, me atrevería a asegurar que no es usted feliz, aunque no le falte dinero, le falta la compañía de su esposo, de su pareja, de su hombre, de su compañero, de su amigo.

Probablemente haya pensado en divorciarse, pues los negocios de su marido la hacen sentirse relegada. No es fácil vivir con un "workaholic", término que se usa en E.U. para este tipo de personas. Muy temprano sale a trabajar y regresa tarde o quizás se ausente varios días en viaje de negocios. No toma, no "parrandea", pero tiene otro vicio: El trabajo.

En esta época de oportunidades, los hombres que encontraron la forma de hacer dinero se involucran en una tremenda ambición, que después no pueden controlar, ya que no quieren dejar pasar ninguna oportunidad lucrativa.

Así como existen Alcohólicos Anónimos, también existen hombres y porque no, mujeres con esta enfermedad (algo incontrolable). Su casa es una residencia elegantísima, pero ya no es un hogar, sino un punto de reunión en donde se reciben amistades de él, para seguramente planear negocios y usted debe de ser la perfecta anfitriona, pues eso es parte del juego. Cenas elegantísimas, en donde usted debe seleccionar el menú, los vinos, las flores, la música, los sirvientes, todo perfecto para que su marido pueda concretar excelentes negocios. Mientras tanto los hijos si son pequeños, están a cargo de nanas o institutrices, y si ya son mayores, tienen sus propias amistades y difícilmente comparten como familia, pues papá y mamá están siempre muy ocupados.

Habló sobre este tema porque usted tiene que ser superinteligente para vérselas con tanto compromiso, como esposa, como madre y como ama de casa. Ahora, hay otros que no quieren acompañarse con su esposa y la paciencia se agota de no contar con él, pues, aunque se le ruegue, él no cambiará; hay algunos que se obsesionan tanto que prefieren su trabajo que a su familia, ahí es cuando la mujer cansada de suplicarle le pide el divorcio, o entra en un estado de depresión tan lamentable que ningún dinero del mundo sirve para curarla.

Se dice que: "El hombre que se precie de serlo, amará más que a su mujer o a su propia familia a su trabajo, pues de eso depende su seguridad mental, física y económica." Estoy de acuerdo con esto, pero no hay que olvidar, que el ser humano no solo es materia sino también es espíritu. Si usted está casada con este tipo de hombre, entérese de sus finanzas y protéjase con su ahorro, pues, así como suben como la espuma, también así caen, y no me extrañe que por tanto trabajo un día se infarte o la cambie por otra; conozco muchos casos y otros más, que a la esposa la dejan en la calle.

EL DIVORCIO

Se acaba de divorciar, cualquiera que haya sido el motivo, en la vida de una mujer recién divorciada habrá mucho sufrimiento al principio, pues el cambio es muy drástico y más si todavía siente que ama a su exmarido. Tiene que tener mucha fortaleza y fuerza de voluntad para aceptar su situación. Piense que muchas mujeres han pasado por ese trance y que la mayoría salió adelante. A menos que sea usted masoquista, o que su autoestima esté por los suelos.

Pídale a Dios que le dé fuerzas y sobre todo que sus hijos no la vean sufrir, a menudo ellos se sienten culpables por la separación. Asegúrese que la vean fuerte y dígales que con su padre o sin él, usted va a salir victoriosa, recurra a su coraje y dignidad. Para olvidar a su marido no piense en los momentos maravillosos que vivió con él, sino en los sufrimientos que le causó, los cuales usted no merecía y la hizo infeliz. Póngase a trabajar, es la mejor receta, que su mente esté ocupada. Empiece a salir con sus hijos, únase a ellos para distraerse, no les hable mal de su esposo. Cuide su salud mental. No haga caso a sus amigas que le digan: "Búscate un galán, un clavo saca a otro clavo". Puede ser que sí, pero ahorita todavía no es tiempo, tiene que pasar por tres etapas: sufrimiento, aceptación y recuperación. Salga, diviértase, haga nuevos amigos, pero no les presente a sus hijos, ellos están todavía adoloridos y será difícil que acepten a sus amistades. Todo es cuestión de tiempo, hasta que encuentre alguien que valga la pena. Y por favor, no se haga amiga de su ex, que los niños lo esperen en la puerta, y si no cumple con la manutención no le permita verlos. Hable con su abogado sobre esto, llévelo a corte. El mayor error de algunas mujeres es que después de ser esposas, aceptan ser amantes de su exmarido, jamás permita eso, perdería usted el respeto a sí misma. Viva su nueva vida de divorciada con dignidad, que muy seguramente Dios le enviará el hombre que usted merece.

Recuerde que el tiempo lo cura todo, no sienta que el mundo se le vino encima, vea el problema como un reto y no como una tragedia, yo le aseguro que en medio de esto va a encontrar paz interior. Puesto que el sufrimiento agota, trate de distraerse sanamente, si puede planee un viaje, eso también ayuda. La meditación, el encuentro con Dios, es lo que más le va a dar fuerza, ponga en sus manos su vida y va a ver que pronto dirá: "Porque no me divorcié antes y aguanté tanto", con el tiempo se va a sentir tranquila y renovada.

¿DIVORCIADA O SEPARADA?

Divorcio quiere decir completa separación. Hay algunas mujeres que no aceptan el divorcio y dicen: "No estoy divorciada, solo separada" Es el peor título que una mujer se puede poner, para mí, título de separada, es título de mártir, de conformista y de falta de seguridad en sí misma. Aparte, si ya no le queda nada de su marido, es una egoísta y lo que siente es deseo de posesión.

¿Si usted está en ese caso, no sé cómo llena los papeles civiles? Pues dicen: soltera, casada, viuda o divorciada, pero no dicen "separada". ¿O sea que no se da oportunidad de ser libre y de encontrar otro hombre que la haga feliz, o todavía se siente o cree que la une algo a él?

Cuando realmente ya no queda nada. Si él ya vive con otra mujer, hay señoras que se siguen relacionando con la familia de él, y si la suegra le da la razón, siguen viéndola y a la ex-familia también y ellos se encargan de enterarla de todo lo que hace su exmarido y como "cuchillito de palo" la siguen lastimando. Cuando uno se divorcia, se debe divorciar de la familia de él también, si no ellos le informarán a su exesposo de lo que usted hace, con quién sale, y eso podría, en muchos casos, resultar peligroso. Por supuesto, si él mantiene a sus hijos, tiene derecho de verlos, que pase a buscarlos y que lo esperen en la puerta y usted lo menos que pueda hablar con él mejor. Pues algunos hombres se portan tan mal con la esposa cuando están casados y una vez que sobreviene el divorcio, son tan celosos que creen que la mujer todavía les pertenece y le hacen la vida imposible. Una mujer divorciada se debe de sentir libre para empezar una nueva vida, nunca se autocompadezca y menos delante de sus hijos, le aconsejo que lo más pronto posible se ponga a trabajar, arréglese, prepárese, dé un cambio y piense que todo lo que dejó de hacer cuando estaba casada, lo puede hacer ahora.

Busque nuevas amigas y no haga caso de críticas y envidias de sus amigas que aún continúan casadas, aunque no sean felices, y que solo aparentan que tienen un matrimonio dichoso. Pues cuando usted menos lo piense, empezarán a inmiscuirse en su vida, tratando de manipularla, opinando sobre su vida privada y créame que eso es lo que usted menos necesita en esta nueva etapa. Y prepárese también a perder amistades por celos, pues como ya quedó libre, empezarán a creer que usted les va a quitar al marido. Así mismo, los esposos de sus amigas, siempre tan decentes, empezarán a llamarla, a ser sumamente atentos y la invitarán a salir, para ver si es usted presa fácil. Le aconsejo que evite este tipo de relación. Pues habiendo valen la pena, sería tonto salir con un viejo con tanta cantidad de hombres disponibles.

¿SOLA, PORQUE ENVIUDO O SE DIVORCIÓ?

Enfrente su situación ¿Enviudó recientemente o acaba de divorciarse? Pare de sufrir ¡Basta ya! Es hora de dejar de llorar, por favor, deje a un lado el papel de víctima. Y no estoy exagerando. ¿Pero cree que con eso remedia algo? Por supuesto que no. Sacúdase y circule.

Dice un viejo refrán: "En este mundo traidor, todo es según del color del cristal con que se mira". Y efectivamente, es tan cierto esto, como el significado de la disolución de un matrimonio, ya sea por obra del divorcio o de la muerte. Porque la mujer que lo vea, a través de un color gris oscuro, puede quedar traumada para siempre, mientras que, si lo mira a través de un prisma transparente, lo recibirá como lo que es: Un acontecimiento muy penoso, que ciertamente, ha causado heridas, pero con el tiempo y un poco de voluntad pueden y deben cicatrizar.

Es hora de enjugar las lágrimas y ver llegar un nuevo día. En todas las penas por dolorosas que sean hay tres etapas: Sufrimiento, Resignación y Recuperación. Y estas tres etapas, si tiene la decisión de vivir debe de aceptarlas y tomarlas a conciencia, véase en el espejo y diga: "Por algo me sucedió esto y no quiero que nadie me compadezca, ni me vean triste y menos mis hijos." Empezaré por explicarle, en qué consisten. El sufrimiento. Claro que duele cuando nos separamos de un ser querido, sea cual fuera la razón. Es normal sufrir y llorar, pero no con un llanto incontrolable. Nos duele porque le tuvimos mucho amor, pero también hay un 50% de costumbre, aunque sus recuerdos serán inolvidables. La resignación. Dios, el ser supremo, nos enviará la calma y la sabiduría para poder enfrentar la soledad. Acercándonos a Él, nos mostrará el camino que tendremos que recorrer solas, sin el ser amado que tanto tiempo estuvo junto a nosotras. Recordaremos los buenos y los malos momentos, los pros y contras que tuvimos a su lado.

La recuperación. Es una pena ver a mujeres que no hacen nada por recuperarse, pareciera que les encanta sufrir, qué tristeza para sus hijos, los familiares. Deben comprender que entran ahora a una etapa nueva, maravillosa, de completa independencia.

Con terapia motivacional puede haber una espléndida recuperación, para empezar una nueva vida, y poder hacer todo lo que una vez había soñado y por diversos motivos, no había podido realizar. Estas tres etapas serán el camino hacia el proceso de sanación interior y le abrirá un nuevo panorama a su vida en donde reinará la paz interior.

¿AMA DE CASA, SIN SUELDO?

Si usted es una de esas señoras "afortunadas", que se casaron enamoradas, tuvieron hijos, están por cumplir sus bodas de plata, andan por los cuarenta y la rutina la está matando de aburrimiento, le conviene leer esto.

Sabía usted que ser ama de casa, es la carrera más mal pagada del mundo, podemos muy fácilmente analizar esta situación. Hacemos el papel de sirvienta, de niñera (aunque los hijos ya sean mayores), de cocineras profesionales, porque con nuestra experiencia seríamos altamente reconocidas como chefs en cualquier restaurante. Lavamos, planchamos, cosemos, amén de nuestros servicios como consejeras, educadoras, psicólogas y economistas, labores que una mujer realiza constantemente al enfrentarse al control de una familia.

Los años han pasado, su marido ve todo esto tan normal, que no acaba de entender que es usted un verdadero tesoro, y sin recibir ninguna retribución monetaria, pasan los días y usted cree que así será el resto de su vida. Opino todo lo contrario. No niego que la vida se vuelva monótona y sin ilusión, pero no niego tampoco que podemos cambiarla. Usted puede encontrar formas de pasar el tiempo de la mejor manera posible. Trate de salir de ese encierro, estudie un curso de computación, tome clases de baile, reúnase con sus amigas para charlar o hacer algo nuevo y, sobre todo, disfrute, que es usted una señora de maravillosas cuatro o más décadas. O muy probablemente, tiene el "Síndrome del

Nido Vacío", los hijos crecieron, unos ya no viven en casa, los que se quedaron, están en otro mundo, que ya no es el suyo, pues usted ya no entra en sus planes.

Su marido se la pasa trabajando, pues es el sostén del hogar. Y usted pasa horas enteras sola, limpiando su casa, sin incentivo alguno, pues recuerde, las señoras en el hogar se consideran a veces inadvertidas por el resto de la familia. Entonces también es tiempo de buscar un empleo, vivimos en un país en donde no hay discriminación de edad, por lo tanto, podemos desempeñar cualquier trabajo, ya sea en una oficina o en alguna tienda. Al recibir un sueldo, el cual podemos emplear de mil maneras, nos hará sentirnos útiles y productivas, además de sacudirnos del hogar dulce hogar, que ya no es tan atractivo ni interesante como lo fue cuando recién casadas.

Lo importante es que entre al grupo de personas que saben divertirse, seguramente conocerá muchas personas agradabilísimas superando ese sentimiento de soledad, y con la mente y el alma ocupada obtendremos excelentes retribuciones económicas y espirituales. Así la vida diaria tendrá otro sabor y comenzará a apreciar objetos, lugares y personas que no sabía que existían, por haber estado tantos años desempeñando el tedioso papel de ama de casa.

LA HERENCIA GENÉTICA

Para su conocimiento, si desea tener un bebé, sepa que existen varias taras hereditarias, cuando son conocidas, es prudente consultar un especialista antes de decidirse a formar una familia. O cuando se sospecha de sífilis, herpes, clamidia o peor aún el terrible mal de nuestro tiempo: El Sida.

En recientes estudios se ha demostrado que los resultados de la herencia biológica no son absolutamente previsibles, el organismo humano posee alrededor de cien mil genes, que son determinantes de la herencia, a menudo características que no aparecen en los padres, se presentan en los hijos por herencia de los abuelos.

Esto influye tanto en los rasgos externos, como son el color de los ojos, el cabello, la tez, así como en la propensión a ciertas enfermedades físicas y mentales, por eso es tan importante visitar al especialista en genética cuando se tiene sospecha que en algunas familias existen males graves de carácter hereditario. Hoy en día está comprobado que se hereda el vicio del alcohol. Siempre ha existido el problema de que muchas parejas se unen fuera del matrimonio, sin practicarse los análisis prenupciales que son tan necesarios.

Aún en parejas que toman todas las precauciones, desafortunadamente, por algún accidente genético, llegan a tener niños anormales, un ejemplo clásico es el Síndrome de Dawn. Lo peor es que existen personas irresponsables infectadas de sida, que, al estar bajo los efectos de las drogas o el alcohol, mantienen relaciones sexuales sin protección, contagiando así la terrible enfermedad. Afortunadamente, la ciencia está tan avanzada que se pueden realizar análisis a los tres meses de embarazo para comprobar como viene el bebé. Por eso amiga, sepa cuidarse para no traer al mundo un hijo que va a sufrir y usted va a llorar lágrimas de sangre.

También está comprobado que el cigarrillo durante el embarazo es sumamente dañino, debilita la sangre, le quita oxígeno y eso perjudica terriblemente el corazón del bebé es muy lamentable que su hijo nazca con una enfermedad congénita. Mi vecina, madre soltera, no paró de fumar en el embarazo, varias veces le hice ver qué daño le hacía a su bebé, me decía: "es mi mayor ilusión, pues es el primero y tengo 40 años, pero por más que trato, no puedo dejar de fumar". Actualmente, la niña ya tiene 5 añitos y lleva 3 operaciones del corazón.

No fume, no tome, no use drogas, pues en el futuro podrá lamentarse, al ver a un hijo enfermo por su irresponsabilidad. Cada día podemos ver más nacimientos de los llamados "bebés crack". Hijos de jóvenes que no tienen el más mínimo sentido de responsabilidad y están usando esa terrible droga en el momento de tener relaciones sexuales.

COMO ENGENDRAR HIJOS FUERTES

Quienes desean tener hijos, desean que estos sean sanos, fuertes e inteligentes, por eso los futuros padres deben de estar en las mejores condiciones al tiempo de encargar su bebé, y, para ello, deben de tener en cuenta que, si alguno de los dos ha tenido enfermedades infecciosas, deben de esperar tres meses para realizar el acto sexual con el propósito de engendrar.

Si se ha efectuado un examen radiológico, deben de esperarse sesenta días, porque el espermatozoide dura dos meses y medio en madurar. (Le recomiendo que se someta a un examen médico). No debe abusar de las bebidas alcohólicas y evitar completamente del cigarrillo, esto es, meses antes de la concepción y los nueve meses de espera.

Así como llevar una vida plena de optimismo y seguridad mental, y al término de su bien llevado embarazo, cuando tenga a su hijo en sus brazos, se sentirán felices, usted y su esposo de verlo sano. Es un gran error creer que el recién nacido necesita solamente de cuidados materiales y que sólo más tarde empezará a desarrollar su inteligencia. Desde antes de su nacimiento, el bebé posee una fantasía exuberante de sentimientos, deseos, necesidades, temores, resentimientos, amor y odio. Eso es, la maravilla de la concepción y el desarrollo prenatal. Cuando el niño nace, ya ha tenido algunas experiencias en su vida fetal, si bien limitadas y poco definidas, no dejan de ser importantes, pero su primera auténtica y gran experiencia consiste en venir a la luz. El nacimiento trae consigo el cambio más completo, importante y determinante de la existencia. El niño acostumbrado a la tranquilidad y profunda paz de un ambiente, cuya temperatura, el silencio, la obscuridad y la falta de peso, son sumamente agradables; se ve de pronto envuelto en una transición, en donde lo empujan bajo fuertes presiones, al mundo exterior, que es frío, ruidoso, con luces y constantes cambios, lejos del seno materno que por nueve meses fue su hogar.

¿Traumático, no le parece? Es cuando los padres deben proporcionarle intensas muestras de amor y seguridad y así el pequeño sentirá una paz inigualable y podrá adaptarse muy positivamente al nuevo mundo que lo rodea. Conozco muchas parejas que antes del nacimiento de su bebé, le hablan, le leen cuentos, le ponen música y créame, amiga mía, que esos niños desarrollarán su intelecto mucho más que otros.

Usted y su esposo se convertirán en los guías de ese pequeño ser, lo llevarán por el sendero de la vida, y cada vez que sienta la necesidad de ser creativo o de recibir ayuda, él sabrá que sus padres siempre estarán dispuestos a escucharlo.

¿ESTÁ ESPERANDO BEBE?

Amiga, ¿está esperando a su bebé? No hay razón para olvidar la belleza de su cuerpo. Para mantenerse en forma, con elasticidad y en excelente condición física durante estos nueve meses, lleve a cabo los siguientes consejos:

No descuide su apariencia. Pídale a su estilista que le haga un corte moderno. Maquíllese de una manera tenue y agradable. Use linda ropa de maternidad, no ande por su casa con el pijama y pantuflas de su esposo, como muchas mujeres lo hacen. Haga ejercicio, camine erguida; hay rutinas de ejercicios especialmente para las mujeres embarazadas, puede practicarlas inclusive un día antes de dar a luz. Eso le evitará las antiestéticas varices.

El busto y el abdomen son de alto riesgo, no olvide humectarlos dos o tres veces al día con cremas vitaminadas, si sus senos son grandes, trate de dormir con brasier. Si se le inflaman los pies o las piernas, súbalas en almohadas, aplique toallas frías y reduzca el consumo de sal. Tome de 6 a 8 vasos de agua diariamente, pues es muy importante hidratar la piel y así ayuda al buen funcionamiento de los riñones.

Para evitar las estrías en el abdomen y los senos, no se rasque; dese fricciones de alcohol alcanforado mezclado con éter, ruda, romero macho y canela, le sorprenderán los resultados. No culpe al bebé de descomponer su figura, no debería subir excesivamente de peso, por eso, no coma por dos personas. El bebé toma lo que necesita y lo demás lo almacena usted. No cometa el error de culpar al bebecito por su falta de disciplina al comer. El recién nacido necesita el contacto físico con su madre, esta es una necesidad básica que se prolongará durante la niñez, pero nunca es tan poderosa y vital como en esos momentos. Abrace a su hijo por primera vez, acaríciaelo y béselo con cariño y ternura, pues le estará dando su primera lección de amor, el sentimiento más maravilloso que se le puede ofrecer al ser humano.

La madre debe amamantar a su bebé, dándole seguridad y protección, él, al sentir el calor de la maternidad, empezará a desarrollar bellos sentimientos desde los primeros días de vida. Al estrecharlo entre su regazo, arrullarlo con una linda canción de cuna, hablándole dulce y tiernamente, así le está demostrando un amor incomparablemente grande y sincero.

Visite junto con su esposo, su biblioteca local, encontrarán infinidad de libros en donde vienen todos los detalles de cómo tratar al bebé, así tendrán mejor orientación de cómo hacerlo. Es muy importante que el padre partícipe en sus cuidados, para alimentarlo, bañarlo, y si no lo hicieron durante el embarazo, léanlo ahora, desde bebito, antes de dormir, será una experiencia maravillosa y su hijito se los agradecerá eternamente.

EL AMOR MATERNAL

El amor es lo más grande que ha creado Dios en el mundo. Por amor tratamos de hacer hasta lo imposible. Por amor perdonamos y nos sacrificamos. Por amor damos lo que es más preciado para nosotros. Por amor abandonamos a nuestros padres y familiares y por amor a Dios, tomamos el buen camino para llegar a Él, que todo lo puede.

Pero hay un amor muy especial, que es el que se les da a los que nos dieron el ser y nos encaminaron en esta vida, por lo cual tenemos una deuda con ellos, sobre todo cuando llegan a ancianos y más nos necesitan. Es nuestra obligación velar por ellos y honrarlos, como dice el cuarto mandamiento.

El amor que demuestran las madres por sus hijos es incalculable, sin medida. Viene a mi mente un relato de un joven que estaba muy enamorado de una perversa dama. Era tan grande su amor que le dijo: "Te daré lo que me pidas". La doncella contestó: "Quiero el corazón de tu madre". El joven lo pensó y para no perderla, le dijo: "Te lo daré".

Una noche asesinó a su madre y le extrajo el corazón, el cual depositó en un cofre. Era tal su prisa para entregárselo a su amada, que tropezó, cayendo el corazón al suelo, escuchando estas palabras: "¿Te lastimaste, mi hijito, te hiciste daño?" Hasta ese grado llegó el incalculable amor de su madre. El ser madre es una vocación, es un emblema que Dios le dio a la mujer, es un privilegio. Nosotras fabricamos al hombre del mañana. Los hijos aprenden con nuestro ejemplo. ¿Hasta dónde llega el amor de usted hacia sus hijos? Desgraciadamente, existen muchas mujeres, que no saben ser buenas madres, entonces, ¿Por qué traer hijos al mundo? Esos niños crecen sin amor, sin cuidados. Reciben solo malos ejemplos, esas mal llamadas "madres" salen con amigos o amantes, toman, hacen exhibiciones amorosas frente a los hijos, sin importarles cuánto daño moral psicológico les provocan.

Y ellos cuando crecen lo reprocharán, no le quepa la menor duda, esas mujeres no tienen derecho a reclamar amor de sus hijos, pues Jesús dijo: "Con la vara que mides, serás medido". Así también se encuentran miles de mujeres que aún solas sacan a sus hijos adelante, que se dan a respetar con ellos, que los orientan sin egoísmo, los apoyan, los hacen responsables, les enseñan a amarlas tanto que hay infinidad de hijos agradecidos que ven por su madre hasta la muerte y estos recibirán miles de bendiciones.

Desgraciadamente, en muchos lugares se han venido desencadenando, últimamente, una ola de asesinatos, jóvenes que han ultimado a sus propios padres, a sus madres, que hubieran dado la vida por ellos; desgraciadamente, algunos de estos sangrientos hechos han sido por culpa de las drogas, por algún desequilibrio mental, o por la vida tan violenta por la que atravesamos.

COMO SER BUENA MADRE

Si usted acaba de ser madre y ya tiene sentimientos de culpa, porque tiene que dejar a su bebé para irse a trabajar, piense que lo que vale es la calidad de tiempo que le dedique y no la cantidad. En la calidad radica la demostración de amor.

Si no puede estar con él los primeros años de su vida, lo ideal sería que alguna amistad o familiar se hicieran cargo de él, mientras usted trabaja, que sean personas buenas, seguras y responsables, lo ideal sería con la abuelita, pero si con ella no se cuenta, busque usted una buena guardería. Aunque hay teorías de que los bebés aprenden desde el seno materno, no trate de corregirlo antes del año, consiéntalo, disfrute a su hijo. Sin embargo, se ha comprobado que un infante de 6 meses sabe la diferencia entre sí o no, pero ya habrá tiempo más adelante para disciplinarlo. Y es bien sabido que los primeros cinco años de su vida son primordiales para su vida futura.

Un gran filósofo dijo: "Dame un niño hasta la edad de 5 años y responderé por él el resto de su vida". Y bien que tenía razón, pues los cimientos bien fundados fortalecen las casas como a los hombres. Cuando un niño crece en un ambiente sano y de tranquilidad, podrá apreciar más la vida cuando sea mayor, pues cuando era pequeño disfrutó de un mundo maravilloso, en donde no había cabida para la maldad ni el odio. No permita que le griten o jueguen con su hijo bruscamente, no es bueno, pueden alterar su delicado sistema nervioso. Hay personas que los avientan hacia arriba, con riesgo a que el pequeño se pueda caer. No necesitan eso, ellos vienen de un lugar bello y tranquilo. Una buena madre proporciona amor, sabiduría, fortaleza. Es dulce, pero a la vez firme en sus decisiones. Protege, pero a la vez da libertad. Los guías, pero no los hace dependientes de ella en todo momento. Los educa y los complace, pero no los malcría.

Una buena madre quiere a sus hijos y se los hace saber, diciéndoles cada día que los ama, se los demuestra al no cumplirles todos sus deseos, explicándoles razonablemente cuando se les niega algo, y así ellos comprenden que no siempre es posible obtener todo lo que piden. Conozca a su hijo, salgan juntos el fin de semana, castíguelo cuando se porte mal, pero no olvide darle un beso y un abrazo todos los días diciéndole: TE AMO.

Quizás usted piense que es demasiado, pero hay madres que les dicen a sus hijos no una vez, sino 5 veces al día cuánto los quieren, esto no se aprende en psicología, es algo natural, algo que a ellas les ha funcionado y esos niños crecerán, y al casarse y al tener hijos se comportarán de la misma manera con sus hijos. Si algunas de nosotras no fuimos educadas de esa forma, quizás hoy día podríamos empezar a hacerlo. ¿Por qué no?

NO ACEPTES EL ABORTO

Parece increíble que, en esta época tan avanzada, todavía existan jóvenes que practiquen el sexo sin protección. Si tú jovencita estás decidida a entregarte a tu novio por amor, en primer lugar, te la juegas, porque no sabes cómo te va a responder y, en segundo lugar, es tu responsabilidad usar la píldora y no permitas que él esté contigo si no usa condón.

Porque sucede muy a menudo que la chica sale embarazada y el galán se esfuma al saber que va a ser padre, sin importarle ni ella ni el bebé, se burla diciendo que ese no es su problema, eso pasa en la mayoría de los casos. Algunos se casan, aunque casi siempre el matrimonio resulta un fracaso.

Ella al saberse embarazada y sola, recurre al aborto, espero no cometas tú ese error, te arrepentirías, arriesgas tu vida, puedes quedar infértil, en fin, esa no es la solución, así como tuviste el valor de entregarte, ten la fuerza de luchar por tu bebé. Espero que tus padres te perdonen y te apoyen, he conocido a muchos que les importa más la honra de la familia, en cambio otros han recibido al nieto que les ha traído inmensa alegría a sus vidas.

Un buen consejo. Si no sabes cómo decirles a tus padres, ve a la iglesia más cercana, ábrele tu corazón al sacerdote o al pastor, y pídele, por favor, que él hable con tus papás, de esa forma lo tomarán mejor y todo se desarrollará con más calma. No pienses que el mundo se te cierra, o que ya nadie te va a querer, tarde o temprano encontrarás el verdadero amor, siéntete orgullosa de haber decidido darle vida al ser que llevas en tus entrañas. En la actualidad, se ven más madres solteras, son las chicas que no pensaron quedar embarazadas, tuvieron al bebé y prefirieron o no pudieron concretar una relación con el padre de su hijo. Así pues, lo crían solas y muchas veces logran salir adelante sin ayuda.

Se vuelven a enamorar y se casan, felizmente conocieron a un hombre que aceptó al niño y se convirtió en un verdadero padre y así no quedó la culpa de un aborto. En mi poema sobre el derecho a la vida, digo: "Dios mío, que de verdad he cometido una terrible falta, si se roba se paga con la cárcel, si se mata se paga con la vida y no creo que el amor sea pecado, porque tú lo compensas, entregando a un ser que nos llena de alegría".

El sentimiento maternal es único, ya tiene uno por qué vivir, por quién luchar, y si lo sabes educar, vas a recibir una inmensa felicidad. Y en todo caso, en este país puedes obligar al padre del niño a darle manutención, aunque no se case contigo. Pues muchas veces es preferible, pueden seguir solteros, y si con el tiempo deciden casarse, ya los tres formarán una familia con mejores bases.

MADRES SOLTERAS

Las solteras de esta época son completamente diferentes a las solteras de hace 20 años. Si no se casaban a los 25 años ya se les consideraba solteronas o quedadas y ya ni siquiera se les acercaba un galán, pues seguramente estaban amargadas, puesto que a algunas las habían dejado decepcionantemente "vestidas y alborotadas" y por consecuencia vivían frustradas. La misma familia se encargaba de darles responsabilidades como cuidar a los padres y hermanos.

Si una muchacha soltera salía embarazada, era el escándalo del siglo, forzaban al novio a casarse y si se negaba podía ocurrir una tragedia. O bien, la ocultaban y cuando nacía el bebé lo regalaban, otras optaban por un aborto clandestino y morían. Las familias ricas se llevaban a la hija por una larga temporada a Europa y cuando volvían decían que el hijo lo había tenido la mamá y a ella la recluían en un convento. Pobres muchachas, qué grandes prejuicios. Las más valientes, se enfrentaban a la sociedad como madres solteras, y los hijos, por supuesto, vivían las consecuencias de ser hijos bastardos.

Los tiempos han cambiado, gracias a Dios, tanto que con orgullo muchas mujeres declaran ser madres solteras y ¿por qué no?, si tienen la edad, la responsabilidad y el deseo de realizarse como madres. Si por amor concibieron a un bebé, deben de estar felices, aunque el padre no les haya respondido, ahora ellas se sienten realizadas y viven felices con la cara muy en alto, pues ya tienen por quién luchar, por quién vivir, si en un futuro encuentran a un hombre que las quiera y aprecie con un hijo, se casan, sino, no importa. Ahora hay otras mujeres, que con premeditación no desean contraer matrimonio, ni traer hijos al mundo pues no nacieron para ser madres.

Se preparan, tienen carreras profesionales, viajan solas, son alegres, con mente muy abierta en sus relaciones y se sienten felices. ¿Por qué juzgarlas? Qué bueno que nacieron en esta época de liberación social, en la que tanto el hombre como la mujer se realizan sin ataduras.

La tecnología ha avanzado tanto, que ahora si una mujer decide ser madre y no tiene o no quiere concebir a su hijo por el método tradicional, es decir sexualmente, pues solo tiene que recurrir a la inseminación artificial, y ella misma escoger al donante, y basada en su historia familiar, su preparación, su fisonomía, sus gustos, hábitos e idiosincrasia, sin necesidad aún de conocer al padre, puede dar a luz a un maravilloso bebé. Una afamada actriz y directora de cine acaba de ser madre por este procedimiento. Hace tiempo leí que para una mujer se considerara aceptada socialmente debería: Bailar, manejar, hablar inglés, nadar, saber computación y ser casada.

Estoy de acuerdo en todo, menos en el último punto, puesto que cada día sabemos de más mujeres que triunfan en la sociedad sin haber tenido la necesidad de firmar un contrato matrimonial, y sabemos que hay solteras, viudas o divorciadas que brillan con luz propia, sin tener a un hombre a su lado, que las controle o las subestime. Por desgracia, hay mujeres en la actualidad que siguen atadas al yugo de la sociedad y nunca llegan a realizarse en la vida. No sea una de ellas.

HIJOS RESPONSABLES

Para inculcarles a sus hijos el sentido de responsabilidad, debe iniciarse desde los primeros años de su vida. Enséñeles a que guarden sus juguetes, que tengan un horario definido para sus tareas y sus comidas, que digan sus oraciones diariamente y que vayan a la cama a la misma hora.

La responsabilidad se logra, dándole al niño confianza y permitiéndole tomar decisiones en asuntos que le afecten directamente a él. Hay situaciones que están dentro del área de responsabilidad del niño, en estos casos él tomará la decisión pertinente. En otros casos, que afecten su comportamiento o su bienestar, pero que son de nuestra exclusiva responsabilidad, se le pedirá su opinión, pero no se le dejará tomar a él la decisión.

El sentido de responsabilidad llega al niño a través de nuestros propios esfuerzos y experiencias. Es muy importante enseñarle a obedecer, que entiendan perfectamente la diferencia entre Sí y No, y cuando los padres tomen una decisión, no cambiarla, pues sino el niño se aprovecha y manipulándolos logra que cambien de parecer a su antojo.

El dar las gracias y pedir las cosas por favor, son tan importantes como cuando aprenden a decir mamá o papá. Esto es parte primordial en la educación de cualquier persona. Al comprar la ropa de sus hijos, es nuestra responsabilidad decidir qué tipo de prendas necesitan y cuánto es posible gastar en las tiendas. Seleccionaremos la ropa y dejaremos que el niño o niña escoja la que prefiere usar, aún de 3 o 4 añitos pueden escoger lo que a ellos les guste, para estar a la moda y estar así contentos con su aspecto. Los padres deben de mantenerse al día en moda juvenil. Si el niño regresa de la escuela con la ropa sucia, la madre le comentará: "Se ve que tuviste un día muy divertido, cariño, ten más cuidado con tu ropita, cámbiate para la cena, por favor". No le llame la atención por algo tan bobo e intrascendente, y menos delante de sus amiguitos, y así él tendrá más cuidado con su vestimenta.

Y así en muchos aspectos de la vida, nosotros hacemos la selección, ellos toman la decisión, como, por ejemplo: Las escuelas, las amistades, los paseos, el cine, las mascotas, los viajes, etc.

Que aprenda también el valor del dinero, incúlquenle el hábito del ahorro, que tenga su alcancía o una cuenta de ahorros en el banco local. Si acostumbran a darle "el domingo" que aparte algo cada semana, se le hará una buena costumbre y le dará seguridad en sí mismo saber que cuenta con dinero propio, ya sea para comprar algo que desea, para los regalos de cumpleaños o de Navidad. Así aprenden desde pequeños que es mejor dar que recibir. Y que el buen hijo por su casa empieza.

DISCIPLINE A SUS HIJOS

Cuando llegué a Estados Unidos a vivir, me di cuenta de la terrible falta de educación que tienen algunos niños y jóvenes. No saludan, no respetan a sus mayores, ni a sus maestros, toman las cosas del refrigerador sin pedirlas, cambian la sintonía del radio o el televisor sin permiso, entre otras muchas cosas.

No me gusta generalizar, pero esto es muy común verlo entre la juventud. Lo comprobé con los amigos de mis hijos. Les puse un "hasta aquí" y les anticipé: "Si quieren traer amigos, lo menos que pueden hacer es saludarme al entrar y despedirse, y si desean algo, pedírmelo".

Comprendieron e hice buena amistad con ellos. Pero qué triste ver que sus padres no les dan ni pizca de educación. Comprobé que con extraños los padres son amables y actúan con cortesía, pero no comparten con sus propios hijos esa educación, como si temieran llamarles la atención.

Se olvidan, para su desgracia, que la felicidad de la vida en común es algo mucho más importante y valiosa que todos los éxitos y honores que el mundo de la calle pueda ofrecerles. No les pido que sean excepcionales, sino simplemente humanos. ¿Si los padres tienen pésimos modales, cómo reprocharles a los hijos que también los tengan? Han crecido con ese ejemplo. Ellos aprenden del trato diario, si los corrigen con groserías y gritos, ellos después también les gritarán. Traten de convertirse en personas dignas y respetuosas consigo mismas. Los niños son muy observadores y en segundos captan las debilidades y malas costumbres de los mayores. En la educación infantil, la disciplina es tan importante como el amor.

Si se les habla de buen modo, ellos obedecen, desde pequeñitos deben saber el significado entre el sí y el no. Siempre pedir las cosas por favor y dar las gracias, y no dejar en ningún momento ni en ninguna situación que los hijos las manipulen. Los hijos aprenden lo que viven y luego viven lo que aprenden.

También es importante enseñarles que sean humildes, si cometen alguna falta u ofenden a alguien, es necesario que sepan que hay que pedir una disculpa, pero de corazón, si no, no es válida. Y si no lo hacen, se les castiga, como medida disciplinaria, y sería no darles permiso para salir o no poder ver televisión.

Son tantos los detalles que no quisiera dejar pasar por alto ninguno. Tienen también que ser disciplinados con su cuerpo, llevando una alimentación adecuada y manteniéndose lejos de drogas y bebidas alcohólicas. Deben ser cumplidos en su escuela, puntuales en sus citas, demostrar respeto a sus semejantes, cumplir con los deberes de la casa y siempre estar dispuestos a ayudar a los demás.

LOS NIÑOS MALTRATADOS, MIENTEN

Uno de los principales motivos que hace mentir a un niño es el miedo a ser reprendido por algún incidente involuntario. Cómo quebrar un florero, derramar la leche sobre el mantel, o mostrar crueldad a las mascotas caseras.

Temen a su madre que les grita: "Pero qué tonto, qué niño más estúpido, nunca pones atención a lo que haces, etc." El pequeño se atemoriza, los padres bajo estas circunstancias proceden con violencia y sin preguntar nada maltratan al niño, propinándole una fuerte nalgada o una bofetada.

Aunque yo siempre he pensado que hay cierta clase de niños, que, de vez en cuando, se merecen un par de nalgadas, pues a muchos de ellos se les habla de mil formas y no obedecen, pero hay que ser consciente, no desahogue sus frustraciones lastimándolos física y emocionalmente, pues desarrollan un sentimiento de rencor hacia usted o el padre.

Muy diferente cuando los padres tienen un poco de paciencia para educar a sus hijos y dando una explicación serena y clara, le comentan a su hijo: "Los animalitos necesitan mucho cariño y cuidados, hijito"; y en el caso de la leche: "Que mal te debes de sentir de haber derramado la leche, pero si tomas con cuidado el vaso, no volverá a pasar". ¡Qué diferencia tan grande hacen unas palabras cariñosas! El niño tomará conciencia de la situación y evitará en el futuro comportarse mal, pero cuando es maltratado, sobreviene el miedo y para defenderse empieza a mentir.

149

Aprenda a comunicarse con sus hijos, aunque parezca mentira, muchos padres no saben hacerlo. Han educado a los niños de tal manera que estos tienen miedo y no se atreven a hablar con sus padres, dele confianza a su niño, pero sin que le falte al respeto, que sepa que puede acudir con usted si tiene problemas y recibirá ayuda de su parte.

Hay niños que les gusta tomar lo ajeno o esconden el dinero para ver si uno se da cuenta o no, y si es usted distraída o dudosa de lo que hace, se aprovechan. Inclusive, hay ocasiones, en los centros comerciales, en que los amiguitos los inducen a robar, y ellos por quedar bien no les queda más alternativa que unirse a ellos, por supuesto, caen en manos de la policía, dejando un mal antecedente en su récord personal.

Establezca reglas disciplinarias, que estén conscientes que hay faltas que no se tolerarán de ninguna manera; otras de menos entidad como: gritar, jugar bruscamente, no ordenar su habitación, corríjalas, pero menos enérgicamente. Si se comporta bien, dele un premio, por su buena conducta. Sea constante y buena suerte.

EDUQUE A SU HIJO SIN MENTIRAS

Si usted llega a sorprender a su hijo en alguna mentira por pequeña que sea, empiece a preocuparse, porque mentir es un defecto muy serio, que se debe corregir a tiempo, y si no fuera así, hay el peligro que se le forme ese mal hábito y puede convertirse en un niño mentiroso, un joven embustero y posteriormente en un adulto mitómano.

Pregúntese: ¿Mi hijo nos ha oído mentir?, le prestamos la debida atención, le pedimos demasiado en la casa o en la escuela, le damos calidad de tiempo, nos cuenta sus cosas, se siente seguro. Nos teme, al grado de inventar historias para salvarse de un castigo, ¿le gritamos sin razón?

Muchas interrogantes para los padres, que muy a menudo creen que están educando bien a sus hijos. Si usted no miente y explica las cosas claramente, el niño tiene que seguir su ejemplo y no trate el asunto a la ligera, con la excusa de que todos los niños faltan a la verdad alguna vez.

Aquellos niños que se sienten descuidados o incomprendidos, faltos de atención de sus padres, recurren muchas veces a la mentira para llamar la atención. Pongamos por ejemplo a Juanito de 10 años, tímido y solitario, su madre no tiene mucho tiempo para ocuparse de él, porque trabaja la mayor parte del día, lo mismo que su padre. Juanito entonces descubre que la única forma en que se fijen en él es contar historias sorprendentes, increíbles; sus padres lo escuchan sorprendidos y él ha logrado su propósito. Su imaginación comienza a ser su mejor aliada para inventar historias cada vez más entretenidas. Tuvo que recurrir a fantasear para lograr la atención de los padres y, si no es tratado a tiempo, con una larga carrera de patrañas y absurdas historias que lo acompañarán el resto de su vida, y así convertirse en un mentiroso el resto de su vida.

El mitómano, amigas, es una persona que vive de fantasías, es tan grave su manía que no se da cuenta del daño que hace a sus semejantes y a él mismo, y recurre a tantas mentiras, que con el tiempo ya no sabe diferenciar del mito a la realidad y empieza a creerse sus propios embustes. Arrastrando a su cónyuge, que tiene que hacerse cómplice de sus historias, para no desenmascararlo en público. Si usted nota que uno de sus hijos miente, hable con él y hágale ver que, a una mentira, le seguirá otra y después otra y será el cuento de nunca acabar, así él tomará conciencia y descartará ese mal hábito de su vida. Aunque, aquí entre nos, dígame, amiga, ¿Quién no ha dicho alguna vez una mentirilla blanca?

¿ESCUCHA USTED A SU HIJO?

¿Alguna vez se ha hecho esta pregunta? Los niños se sienten frustrados y resentidos cuando los padres se muestran indiferentes a sus pensamientos y sentimientos. El resultado es que llegan a la conclusión de que sus ideas son estúpidas y no merecen atención.

No se sienten amados, creen no merecerlo y eso conlleva a la falta de comunicación que existe en muchos hogares. Y la familia, que debería estar unida para platicar sobre las experiencias diarias, se transforma, en un grupo de personas que habitan la misma casa, pero que comen cada quien, por su lado, (pues rara vez se sientan a compartir la mesa), salen sin avisar a dónde van, tienen amistades que usted no conoce, en fin, unos verdaderos extraños.

Aparte de eso, siempre en la casa, habrá un televisor funcionando, nadie presta atención a nadie, están muy ocupados viendo el programa favorito o escuchando el éxito del momento, o, metidos en el celular. Malo, muy malo, amiga. Y cuando algunos padres, al fin prestan atención porque uno de los hijos no se está portando bien, lo reprenden usando malas palabras y comentarios, tan fuera de lugar, que son una mezcla de odio y resentimiento.

Lo insultan: "Eres un fracaso en la escuela y una vergüenza para la familia. Terminarás en la cárcel, ese será tu fin". Usan palabras hirientes: "Idiota, estúpido, tonto..." Acusaciones: "¡Tú siempre eres el primero que inicias los problemas, cállate!". Si así los tratan, es primordial que asistan a clases para padres, que busquen ayuda profesional. Se cuenta una anécdota. "En la prisión del condado se celebró un partido de fútbol. La selección nacional contra el equipo local. Ganando los invitados, y al momento de las entrevistas, se le preguntó al capitán de la selección:

¿Qué considera usted que le ha ayudado a ser tan famoso futbolista? - "Es que, desde chico, mi padre siempre me dijo, vas a acabar siendo un gran jugador y no lo defraudé, pues lo he logrado" El capitán del equipo de los presos intervino con este comentario: "Yo tampoco defraudé a mi padre, pues desde niño me decía: "Vas a acabar en la cárcel y mira, todavía estoy acá, lo he logrado".

A un amigo le pregunté: ¿Te atreves a decirle a tu hijo si está feliz con el padre que le tocó? Me contestó: "No me atrevo". ¿Usted se atrevería? Está comprobado que somos el resultado de nuestros pensamientos, si los padres educan en forma positiva y alientan en nuestra forma de ser e ideas, los hijos asimilan esa educación, y ya de grandes son útiles a la sociedad y orgullosos de sí mismos y se lo agradecerán por siempre.

HABLE CON SUS HIJOS

Amiga mía ¿Cuántos problemas por falta de comunicación con los hijos llegan a afectar a familias enteras? Eso se deriva por la carencia de lazos amorosos entre padres e hijos. Los padres después se culpan cuando ven caer a sus hijos en las desgracias y enfermedades que ocasiona el sexo irresponsable.

Sí, esa es la palabra: "Irresponsabilidad". Trate de guiar a sus hijos e hijas adolescentes hacia la vida sexual normal. La actitud de los padres debe ser natural, comprensiva y ubicada. Por eso es que necesitan aceptar estas orientaciones, en vez de declararlas como un tema tabú o algo pecaminoso. Explicárselos en esencia: El sexo es plenitud y si se combina con el amor, es algo maravilloso. Cuando un hombre y una mujer están preparados física, espiritual, mental y emocionalmente, el encuentro sexual debe vivirse como uno de los dones naturales más preciados del ser humano.

Antiguamente algunas jovencitas iban ciegas al matrimonio, con un temor espantoso a lo desconocido, pasaban su noche de bodas, llorando y tratando de llamar a su mamá, y haciéndole pasar malos ratos al apasionado y confundido esposo. Parecerá increíble, pero si llegaba a suceder, era realmente terrible e injusto. Ahora, por fortuna, las cosas han cambiado. Según los hijos van creciendo y preguntando, los padres con la mayor naturalidad y veracidad deben de ir respondiendo a sus preguntas. Aunque en esta época, sé comenta que ya no existen vírgenes, afortunadamente todavía las hay y bastantes. Son mujeres que a esa primera entrega le dan un alto valor espiritual y hay muchísimos hombres que siguen valorizando la virginidad como algo indispensable, que le dé a él seguridad para formar una familia.

Por otro lado, un alto porcentaje de jovencitas presume de tener gran información sobre sexo, hablan libremente de sus relaciones premaritales y promiscuas y, aun así, se embarazan, incomprensible, ¿No es verdad? Debemos aceptar que en la actualidad y en todos los países hay niños y niñas activamente sexuales. Según las estadísticas empiezan a los 12 o 13 años. Tienen educación sexual en la escuela, en los hogares, entre ellos mismos, entonces ¿Cómo explicarnos que haya tantas niñas dando a luz a bebés?

Es sumamente triste ver cómo dejan de ser pequeñas, para verlas convertirse en madres adolescentes, sin estar preparadas para una responsabilidad tan grande, y desgraciadamente cambian los bailes y paseos por pañales y biberones. Mantenga siempre abierta la comunicación con sus hijos, comente cuánto los quiere y qué desea de ellos, dígales que usted está dispuesta a contestar cualquier pregunta que tengan, y si no la sabe, buscarán juntos la respuesta.

LA EDUCACIÓN DE LOS HIJOS

¿Ha llegado el momento para Ud. y su esposo en que se sienten impotentes en el control de sus hijos? ¿Les han hablado de mil formas, y no les obedecen, contestándoles y faltándoles al respeto? ¡Es verdaderamente una situación alarmante! Y hay que buscar una solución antes que sea demasiado tarde. Si aún no cumplen los 18 años, todavía dependen 100% de ustedes y tienen el derecho de mandarlos a un internado o a vivir con otros familiares. Es una medida muy drástica, pero en ocasiones da resultado. Aunque sufran por la separación, es preferible eso a perder a sus hijos. Cuando ellas o ellos se ven lejos de la familia, a la larga llegan a apreciar más su hogar y cambian su manera de pensar.

Para los jóvenes existen escuelas militarizadas, o el ejército, lugares que son muy estrictos y los hacen ir por buen camino. Se corrigen o se quedan de internos, hasta que actúan en forma positiva y demuestran respeto y cariño por los padres. Recuerde que: "El pan ajeno, hace al hijo bueno". Para las jovencitas rebeldes, es muy recomendable mandarlas de internas, son escuelas en donde siguen estudiando y por las tardes se dedican a las tareas del hogar, les enseñan labores domésticas, como: cocina, repostería, costura, bordado, jardinería, algunas nociones de enfermería.

Para que mantengan su mente ocupada y estén preparadas para saber llevar un hogar, al mismo tiempo les inculcan el respeto a los padres y reciben cursos de relaciones familiares. Pero si ustedes siguen consintiéndolos y los dejan hacer su voluntad, en el futuro dirán: ¿Por qué no los corregí a tiempo? Trate de que sus hijos la vean como una amiga, dígales que sabe que atraviesan por una edad difícil, pero que pronto pasará y no quiere que les quede el remordimiento de que fueron malos hijos.

Una señora argentina me llamó, contándome que su hijo de 20 años vende cocaína. Le aconsejé que regresaran a su país con cualquier motivo, para que salvara a su hijo del terrible mundo del narcotráfico y las drogas, pues, o iría a la cárcel o lo matarían. Ya en la mayoría de edad, su vida dependerá de ellos mismos. Y si toman el camino equivocado ustedes no sentirán remordimiento alguno, pues se les dio educación, se les guio por el buen camino; pero hay hijos que no lo entienden y aunque tienen en sus casas, techo, comida y sustento no aprecian eso y se pasan la vida molestando y dando malos ejemplos a sus hermanos. Que no le remuerda la conciencia, la obligación de los padres en el plan monetario no es para toda la vida. Algunas madres me dicen: "Si no los apoyamos, se van a echar a perder". Y no sólo ellos se están echando a perder, también los padres se están consumiendo y eso no es justo.

Deles la oportunidad de madurar, al independizarse y hacer su propia vida y usted viva tranquila y no permita que le destruyan su hogar.

ORIENTACIÓN SOBRE EL SEXO

El instituto católico de ciencias familiares y sexología recomienda: A los padres, corresponde en primer lugar, guiar y aconsejar a sus hijos sobre el sexo, para que tengan una vida sana y normal. Conducirlos psicológicamente, de modo que tengan confianza en sí mismos, con carácter propio y no verlos anulados con una educación tiránica, al querer moldearlos a su imagen. Los padres deberán guiarlos sin oposición, teniendo en cuenta sus ideas, costumbres e inclinaciones, basadas en la moral y el entendimiento, para que sea un tema natural y posteriormente no tengan una actitud de horror al sexo.

En una ocasión me vino a visitar una señorita como de 30 años y me dijo: Sra. Elsa, aunque usted no lo crea, soy virgen todavía y no es que me gusten las mujeres, lo que pasa es que cuando salgo con un muchacho, en el momento en que me toma de la mano o trata de besarme, empiezo a temblar tanto que me pongo helada. Se asustan y me llevan a casa, no sé qué me pasa, siento terror. Tanto me han hablado mis padres del peligro que paso, al dejarme besar, pues me dicen que eso es el principio del abuso y de inmediato pido que me lleven a mi casa. Yo quiero casarme, pero sé que tengo un trauma, yo veo con la facilidad que en la televisión y en el cine las muchachas se entregan. ¿Usted lo ve bien? Me preguntó angustiada, una chica decente, buena, pero con una idea sobre el sexo muy equivocada. Por supuesto que no lo veo bien, le contesté. Enseguida me imaginé la retrógrada mentalidad de sus padres, la educaron de una manera tan absurda e ilógica que la pobre muchacha, es ahora una solterona, y cuando ha tenido la oportunidad de salir con un chico, conocer el amor y probablemente casarse, en la primera cita, todo se echa a perder por los traumas que padece, por culpa de su inadecuada educación. Actualmente, hay chicas que se entregan al hombre, a unas pocas horas de conocerse, sin importarles si son solteros, viudos o divorciados. Solo quieren unas horas de diversión y hasta luego. Sin embargo, las hay como esta señorita aterrada por el simple contacto de una mano. No hay que irse a los extremos, hay que salir, tener amigos y si alguien se interesa por una relación amorosa, adelante, sin miedos o temores, empezar un romance que puede terminar en el altar.   Conservarse virgen, es un detalle muy especial, muy bello, pero actualmente, las cosas no son como en el pasado. Recuerdo en mi juventud, todo era tan criticado, la sociedad era tan implacable. Por eso, es tan importante, que los padres sepamos cómo guiar a los hijos, como verdaderos amigos, y así ellos sepan encontrar el verdadero amor. Esto se logra estableciendo una buena comunicación, hable con sus hijos, pero también escúchelos, présteles la debida atención, trate de comprender sus sentimientos y las razones por las cuales se quieren comunicar con usted.   Formule preguntas y dé respuestas claras, positivas. Aclare cualquier duda y si no está segura sobre el tema, busquen en la biblioteca algunos libros, consúltenlos y de ese modo se sentirán más unidos.

LA ADOLESCENCIA

Todos los padres les tienen miedo a sus hijos cuando llega la época de la adolescencia, es cuando la hija deja de ser niña y el niño se convierte en joven para encontrar su propia identidad. Y es cuando necesitan los hijos la aceptación y la aprobación de sus padres, y desgraciadamente lo que generalmente reciben es crítica y menosprecio.

La hija que empieza a verse en el espejo por horas, cambiando de peinado y de ropa, tratando de copiar a sus compañeras que tienen más éxito en la escuela y no solamente eso, si no adoptan los modismos que se están usando. Cuando un chico se fija en ella, pasará horas hablando por teléfono, cosa muy común entre los jóvenes. Claro, los padres se preocupan, por saber qué tipo de chico es, le piden lo invite a la casa para conocerlo, otros al contrario se oponen a la relación y le prohíben verlo, para que no descuide sus estudios, la consideran muy joven para esas tonterías, que para ella no lo son, después tratará de verlo a escondidas, lo que resulta peor. Empezará a desobedecer y a responder groseramente. Le aconsejo hablé con el muchacho, dígale que su hija para usted es el tesoro más preciado, que les va a permitir que platiquen en su casa o en el parque. Háblele de nuestras costumbres, para que comprendan y deles confianza, así será más difícil que la defraude.

Lo que respecta a los muchachos, ellos empiezan a vestirse en forma extraña, imitan, alegando que es la moda. Hay jóvenes que se vuelven bruscos, temperamentales, buscan apoyo moral con grupos peligrosos fuera del hogar. En esta temible época, mi consejo es que traten los padres de unirse más a ellos haciendo planes, el padre debe inculcarlos desde pequeños al deporte, acompañándolos a los juegos, así mismo la madre, tratando de que la familia asista a la iglesia, dándole mucha importancia a la moral y religión que practiquen.

Tampoco se oponga demasiado a su vestimenta, pues tienen deseos de estar a la moda, lo importante es saber siempre en dónde están y con qué amistades se reúnen. Ser adolescente es carecer de seguridad en uno mismo. Necesitan la aceptación y la aprobación del adulto, especialmente de sus padres y maestros, y muchos de ellos, lo que generalmente reciben es crítica y menosprecio, por eso es que se unen a pandillas.

Están tratando de ser ellos mismos y no una copia de sus padres, es un periodo de inseguridad y transformación y es una etapa sumamente difícil para ellos. Sin embargo, todo pasa y con el tiempo empiezan a encontrar acomodo en el nuevo adulto, cuya propia personalidad al fin la encontrará.

EL HIJO ÚNICO

A veces los padres, especialmente con hijos únicos, les exigen demasiado, pretenden que un niño normal sea un genio. Lo presionan y lo obligan a destacar en determinada cosa, para lo cual el niño no siente inclinación, ni tiene aptitudes.

Muchas veces al hacer esto, los padres buscan realizar en los hijos lo que ellos no pudieron lograr. ¿Cómo es posible que no hayas sido el primero en tu clase? ¡Qué desilusión tan grande! ¿Qué fue lo que pasó? Y ahí está el muchacho, sintiéndose terriblemente culpable por haber "defraudado" a sus padres.

Al no tener los padres la madurez para ver las cosas como son, están enseñando a su hijo a buscar excusas para sus fracasos, en vez de estimularlo y darle confianza. Al hijo único, también lo pueden echar a perder dándole todo lo que quiere; siempre hay que enseñarles que la vida no es fácil y que, si le van a comprar algo, es porque se lo merece o se lo ganó haciendo un pequeño trabajo.

La mayoría de los hijos consentidos son hijos únicos, se vuelven egoístas al no prestar las cosas a sus amiguitos, pues como no tuvieron hermanos, no están acostumbrados a compartir, por eso hay que corregirlos desde pequeños. También pasa que no le dan libertad de acción, los padres caen en la sobre protección y el hijo se convierte en un ser débil y dependiente, incapaz de separarse ni un instante de ellos. Tan es malo consentirlo, como exigirle demasiado, hay que apoyarlo en sus inclinaciones, como el deporte, algún instrumento musical o su vocación en los estudios, ser padres, pero también amigos y compañeros de él.

Fijarse mucho en las amistades que tenga, pues las malas compañías lo pueden llevar por mal camino, y si los padres trabajan y lo dejan solo, es peligroso, hay que estar siempre pendientes en dónde está y con quién se reúne. Si es usted madre soltera o divorciada, dedíquele tiempo, apóyelo y dele confianza en sus proyectos, y desde pequeño oriéntelo bien en su religión, para que sepa que el buen comportamiento lo acerca a Dios nuestro creador.

Pero no se apegue demasiado a él, pues se han dado casos que resulta contraproducente; es decir, el niño puede parecer un tanto afeminado. Hay organizaciones como: "Hermanos Mayores" o "Padres Suplentes" en las cuales el pequeño puede suplir la figura del padre, en ciertas ocasiones. En el caso de las niñas, resulta menos complicado, pues es bien sabido que ellas siempre van más al lado de las madres. Sin embargo, aunque se ha comprobado que hay excelentes hijos únicos de madres solteras, no está de más buscar, de vez en cuando, la presencia varonil, la cual puede ser su futura media naranja y un buen padrastro para su tesoro.

HIJOS BIEN ORIENTADOS

La realización de todo matrimonio es traer hijos al mundo y ver logrados sus anhelos. Es la compensación de la naturaleza, al unir sus cuerpos. Si ese hijo está bien orientado, vivirá un mundo maravilloso, pero si se le negó la verdadera orientación y educación, los padres sufrirán por eso.

En un artículo que llegó a mis manos, hace algunos años, sobre muchachos delincuentes, se quejaron, en su mayoría, de falta de cariño y comprensión. Otros de demasiado consentimiento, pues teniendo todo, perdieron la ilusión de la vida. Esto los orilló a cometer errores, y las malas amistades contribuyeron a su mala conducta, aparte de eso, también los malos ejemplos de sus padres o demasiada disciplina. Por eso hay que saber ser padres, pero también ser amigos. No tenga, ni permita revistas pornográficas en su casa, pueden caer en sus manos. Esté atenta sobre qué clase de películas rentan. Eduque con sabiduría y tome en cuenta estos puntos, que podrían ayudarla:

-. Deles educación, a la escuela van a aprender, pero en el hogar se educan.

-. Que aprendan a pedir las cosas por favor y a dar las gracias.

-. Según la edad, delegue responsabilidades, no los haga uno inútiles.

-. Incúlquele respeto a la honradez y enséñeles a ser caritativos.

-. Que sepan que hay premios o castigos. Depende de sus acciones.

-. Que seleccionen bien sus amistades, las malas compañías son nocivas.

-. Foménteles a sus hijos el arte y el deporte, mente sana en cuerpo sano.

-. Nunca los critique o desvalorice delante de amigos, corríjalos en privado.

-. No se sacrifique en comprar regalos caros, necesitan merecerlos.

-. Nunca use a sus hijos para contarles sus problemas y menos para retener al esposo.

Hay matrimonios que presumen de criar a sus hijos en un ambiente muy liberal, "nos tenemos mucha confianza", dicen. Llegan a tales extremos, que, como cosa muy natural, se meten a bañar junto a sus hijos, medida que considero inaceptable; a consecuencia de eso, cuántos hijos se convierten en homosexuales o lesbianas. Todas sabemos que la tarea de educar hijos es dura, pero estamos en la lucha y no debemos desfallecer.

HIJOS ADOPTIVO

Así como Dios compensa a miles de matrimonios con la dicha de tener hijos, hay otros que se les niega esa felicidad. Cuando nos casamos, tarde o temprano deseamos que lleguen los hijos, nos ilusionamos con el embarazo, con la ropita del bebé, el parto y cuando tenemos a nuestro hijo en los brazos, olvidamos las horas de dolor que pasamos. Lo vemos crecer y somos tan felices.

Algo tan natural en la mayoría de las mujeres, resulta una verdadera desgracia cuando no se es fértil, produce un sentimiento de frustración ante la vida; la pareja entra, muy a menudo, en un mundo sombrío de impotencia. Pero hay una esperanza, y esa es la adopción.

Tomar la decisión de adoptar legalmente a un niño, es algo sumamente serio. Los esposos tienen que tener bases muy sólidas en su matrimonio. Ser económicamente estables y contar con una conducta intachable.

Es difícil de entender, pues en los orfanatorios hay muchos niños esperando por un hogar, y el papeleo burocrático hace muy difícil los trámites. También se dan casos de adopción ilegal, es decir, cuando un matrimonio ya tiene muchos hijos y no pueden sostener a uno más, no falta alguien que le pide al bebé para alguna pareja desesperada por no tener hijos, y se hace el arreglo, mediante cierta cantidad le entregan al niño. Yo considero eso una medida excelente, pues los tres formarán una familia feliz y realizada.

Ahora viene la clásica pregunta. ¿Deben decirle los padres a su hijo que es adoptado? Los psicólogos opinan que sí, y mientras más pequeño sea el niño, mejor, para evitar que en la adolescencia se entere y entonces sí vendrían problemas mayores de inadaptabilidad emocional.

Otras personas opinan que no, pues el niño podría reaccionar de manera negativa y usar la adopción como pretexto para comportarse mal. Conocí a un padre cuyo hijo murió por una sobredosis de droga. El señor me comentó: "desde chico fue muy acomplejado, triste y rebelde, y creo que gran parte de su problema se debió a que cuando era pequeño le dijimos que no éramos sus verdaderos padres. Creo que eso le afectó demasiado".

En mi opinión, si yo tuviera un hijo adoptivo, y si considero que mi familia guardaría el secreto, o estoy alejada de ella, yo no diría nada, y si algún día, en la adolescencia, alguien se lo dijera, yo lo negaría, pues a esa edad, que es tan peligrosa, es cuando más necesitan seguridad y amor; quizás se revelaría, no lo entendería. Ya siendo adulto, comprenden mejor la situación, sería completamente diferente, entonces hasta lo valoran y lo agradecen, sin embargo, hay infinidad de personas que jamás sabrán que son hijos adoptivos.

MADRES QUE TRABAJAN

¿Es posible ver crecer a un hijo y ejercer una carrera al mismo tiempo? ¿Es difícil desarrollar una actividad que alimenta cierta inquietud intelectual, fuera de casa, cuándo se tiene un niño pequeño? ¡Es difícil, pero no imposible!

Si es usted una de las muchas mujeres que sienten la necesidad de hacerlo, pero titubea, porque teme faltar como madre, es necesario que analice su situación. Grábese en la mente que mientras más feliz se sienta, más feliz será también su familia.

¿Le gustaría arreglarse para salir a competir en el mundo de los negocios? ¡Pues, hágalo! Esa actitud es sana. Aunque hay señoras que quedándose en casa son felices, dedicando todos sus esfuerzos al bienestar de su hogar y su familia, sin sentirse por eso disminuidas. Pero si ese no es su caso, decídase a trabajar. Voy a compartir algunos resultados de ciertos estudios sociológicos. Los niños de madres que trabajan medio día no son ni más rebeldes, ni menos difíciles de criar, que los niños de madres que permanecen todo el día con ellos. Los de mujeres que trabajan todo el día, tienen menos apetito y alguna dificultad para dormir. Pero en cambio, los de mamá "de tiempo completo", adquieren tics nerviosos y son más insolentes.

Los niños que pasan el día con niñeras o en guarderías, son más valientes, independientes y capaces de valerse por sí mismos. En cambio, los que pasan el día con sus propias madres son más susceptibles al temor. Ósea, que hay pros y contras. Así pues, el trabajo profesional de la madre no perjudica al niño, sobre todo después de los 5 años. Lo que puede perjudicarlo es el carácter de ella. Una madre tranquila y segura de sí, que alterna cariño y disciplina, fomenta la actividad y la independencia, la capacidad de adaptación y el instinto social del niño, tendrá un hijo feliz, trabaje fuera de casa o no. Pero si ella misma es una mujer acomplejada e insegura, si es demasiado tolerante o enérgica, el niño no podrá encontrar equilibrio emocional.

Si usted decide trabajar, recuerde que el primer año de vida es crucial, es cuando se decide la personalidad, la agudeza mental y el potencial afectivo del niño. Quien cuide de su hijo debe ser una persona responsable y capacitada para darle amor, seguridad y bienestar. Se ha comprobado que algunas niñeras maltratan físicamente a los niños, por eso es de suma importancia tener excelentes referencias de la persona que va a hacerse cargo de su hijo, lo tiene que cuidar y proteger bajo cualquier circunstancia, como el tesoro que representa para usted y su familia.

Hay excelentes agencias a las cuales recurrir cuando se necesita emplear a una persona para el cuidado de los niños. Ellos verifican su seriedad y su profesionalismo, y obtienen referencias de donde han trabajado, y usted podrá dejar a su angelito en manos de señoras capacitadas y honorables.

SENTIMIENTOS DE CULPA

Muchas madres experimentan sentimientos de culpa, al tener que salir a trabajar, pues no cuentan con un marido que les ayude y respalde con la educación de los hijos, cuando son pequeños, menos mal, pueden recurrir a la guardería, o contar con los servicios de algún miembro de la familia, que los mantendrán en casa y tratarán de educarlos en un ambiente sano.

La edad peligrosa empieza con la adolescencia, yo recomiendo que, si el ambiente donde viven no es muy recomendable, trate por todos los medios de mudarse de casa, si no lo puede hacer, controle a sus hijos, edúquelos desde pequeños, que no salgan hasta que usted regrese del trabajo, les guste o no, dígales que usted tiene la responsabilidad ante Dios y ante la comunidad.

Es necesario que usted conozca a sus amiguitos, a los padres de estos, para cuando salgan, estén todos en contacto y puedan controlar los permisos y horarios. Trate de que sean del mismo nivel social, educación y edad aproximada a ellos. Hábleles a sus hijos claramente sobre educación sexual, no permita que ellos obtengan información equivocada de la calle o de sus propios compañeros, pues lo único que consiguen es confundirlos.

Hay niños de 6 a 8 años que ya tienen dudas, contésteles con la mayor naturalidad a sus preguntas, y así ellos confiarán siempre en usted. Yo tuve también problemas de conducta con mis hijos y les decía: "Mientras yo los mantenga, dependen de mí y me tienen que obedecer, al cumplir la mayoría de edad ya el futuro estará en sus manos". También es recomendable acudir a los servicios religiosos, muchos jóvenes confían en los sacerdotes o pastores y eso ayuda a su educación espiritual. Con sus hijos es mejor llevar buena comunicación; a veces cuando uno se opone a un noviazgo, pueden huir de la casa o, en ocasiones, llegar hasta el suicidio. Y eso nadie lo desea, dígales que cuando crezcan, la responsabilidad será de ellos, pero hasta los 18 años, es de usted. Sepa controlarlos.

Y si es usted madre soltera, viuda o divorciada, tendrá muchas veces que ser más estricta y no permita que los sentimientos de culpa la torturen por establecer reglas en la casa. Miles de mujeres han educado a sus hijos por sí solas y han salido mejores muchachos, esto está comprobado, pues es más fácil seguir órdenes de un capitán de barco con carácter, que de dos personas que no se comprenden y no se ponen de acuerdo para educar a los hijos.

Hay una frase muy conocida: "No es el tiempo que se le dedica a los hijos sino la calidad del tiempo". Únase a ellos lo más que pueda, trate de que la vean contenta y segura y no olvide conjugar amor y disciplina. Los chicos, aunque lo nieguen, prefieren vivir en una casa con reglas establecidas, eso los prepara mejor para adaptarse a la sociedad cuando son adultos.

LA MUERTE DE UN HIJO

"Los padres nunca nos imaginamos que un día vamos a ver morir a un hijo, pensamos quizás, en familiares, en nuestros padres, el marido, pero no en los hijos. Por eso fue tan grande nuestro dolor cuando Fernandito enfermó, luchamos tanto por su vida, nos dolió tanto su muerte. Fue terrible lo que nos pasó". Este es el testimonio de una madre, cuando recuerda la muerte de su hijo más pequeño, años atrás. Un muchacho enfermo de cáncer, de solo 16 años.

Qué doloroso es perder a un ser querido y desprenderse de esa persona que amamos tanto. Carne de nuestra carne, sangre de nuestra sangre. Un ser que estuvo en nuestro vientre por 9 meses, que amamantamos, criamos, gozamos y que un día ya no está con nosotros.

Muchas veces nos preguntamos, ¿por qué mueren los hijos?

No quiero pensar que Dios así lo decidió y debemos aceptarlo. No, porque Dios, no es un Dios cruel, es que la muerte es el término de una misión. Debemos pensar en vida después de la vida y eso será de gran ayuda espiritual ante la presencia de la muerte, pues ese nefasto ser no perdona a nadie y a todos, tarde o temprano nos llegará nuestro tiempo. Por eso debemos estar preparados. Eso se llama fe, y desgraciadamente, por culpa de algunas religiones, estamos tan poco preparados para el bien morir. Aunque poco a poco, la idea de la muerte se ha ido transformando en algo positivo, claro, a nadie le agrada totalmente pensar en ella, pero ya no es como el tema tabú de antaño, en que algunas personas ni se atrevían a nombrarla. Conocí a una señora, que dos años atrás perdió a su hijo mayor en un accidente, vino a visitarme con su hijito de 10 años, me dijo que no se podía resignar, que no paraba de llorar y su vida ya no tenía sentido. Su esposo y su hijo estaban tan tristes y preocupados por esa situación.

Le comenté que, ver a un hijo en estado vegetativo por el resto de su vida, hubiera sido peor. Que se conformará y que pensara que también hubiera podido perder a su esposo e hijo en el accidente. Al oír eso, el pequeño le dijo: "Yo creo mamá, que, si yo hubiera muerto, no hubieras llorado tanto, como no fui yo". Nos sorprendimos ante esas palabras, en ese momento ella abrazó a su hijito, prometiéndole no llorar más. Le dije: "Amé a su niño y a su marido y vivan felices por siempre, recuerden a su hijo ausente y únanse más en su memoria"

Dice Conny Méndez, una gran metafísica... "La muerte no existe, solo se está cambiando de modo de vivir. Es solo uno de tantos miles de mudanzas que efectúa el ser humano en el proceso de su evolución. Y la voluntad del Señor es que los seres queridos se separen sin desgarramientos, sin sensación de terrible vacío y que solo queden recuerdos gratos". Para finalizar, ¿si cuando nacemos nos regocijamos, por qué entristecernos con la muerte que es tan natural como el nacer? No sé qué otra interpretación se le puede dar a algo tan categórico y tan claro.

NO ABUSE DEL ALCOHOL

El alcoholismo no es un vicio, es una enfermedad incurable, progresiva y mortal. Y un tema muy difícil de tratar. Si está muy avanzada, no es curable, pero puede controlarse, si el enfermo quiere, con ayuda de la familia, con tratamientos especializados e internándose en centros de rehabilitación.

Si la persona tiene mucha fuerza de voluntad "Alcohólicos Anónimos" puede ser la solución. Para los familiares existe "Alanón", centro en donde se reúnen para poder soportar el infierno en que se vive con un vulgarmente llamado "borracho".

Cuántos padres hay, resentidos con el hijo que se desvió y se niegan a recibirlo. La esposa que ha sido víctima de las frecuentes borracheras del marido y solo lo recrimina. Los hijos que se avergüenzan del padre alcohólico. Pocos son los que admiten estar en presencia de un verdadero enfermo, que necesita cariño y comprensión como su principal medicina.

Si alguno de sus hijos muestra especial afición a la bebida, investigue las causas y trate de ponerles remedio antes de que sea tarde. Muchas personas tratan de ahogar en vino sus penas, pero su tristeza o ansiedad, lejos de disminuir, aumentará con el licor. Un hombre borracho es una calamidad, pero una mujer alcohólica es una vergüenza, destroza la moral y confianza de los hijos. Si ese es su caso, atiéndase, evitará grandes males en el futuro.

Si a usted o a su esposo les gusta la bebida más de lo normal, es posible que lo hereden sus hijos. Pueden tomar socialmente, una o dos copas, de vez en cuando, pero cuando desgraciadamente ya surge la necesidad de hacerlo a diario, ¡mucho cuidado!, están entrando en el terrible mundo del alcoholismo incontrolable. Si es así, no tenga botellas en su casa, no lo convierta en un bar, no beban delante de ellos. Qué triste es ver a una pareja sentada a la mesa tomando hasta perder el juicio. Hay personas que no pueden tener una reunión sin que no haya bebidas alcohólicas, créame, es posible hacerlo y todos se divertirán.

Además, existe el riesgo de las drogas, empiezan por una copa y terminan experimentando con marihuana o cocaína. Drogas mayores que pueden acabar con familias enteras. Lo principal es aceptar ser alcohólico y tratar de dejar el vicio, "AA" tiene líneas de emergencia, llámeles, siempre habrá una mano amiga que lo invitará a una sesión. La mayoría, tenemos siempre, algún familiar o conocido que sufre de este mal. ¡No está sola! Con la ayuda de Dios, el enfermo podrá superarlo.

Busque orientación, infórmese, hay ayuda disponible, existen centros de paga o gratuitos. Pero no lo deje para mañana, podría ser demasiado tarde. Que este sea el momento de solucionar una situación que está creando un infierno entre la familia, sea clara, directa y ataque el problema a fondo, le aseguro que lo logrará.

RECOMENDACIONES DE "AA"

Como comprendo y me duele, la pena que tienen los padres de familia cuando quieren sacar a sus hijos de la terrible enfermedad del alcoholismo, sería largo enumerar los motivos que la causan; si se les consiente, malo; si lo sacan de la casa, peor, pueden llegar a quitarse la vida o unirse a pandillas o malos amigos y posiblemente caerían en la cárcel. Hay otros padres que no se quieren enfrentar al problema y piensan, es la edad, se le va a pasar, pero ¿qué tal si no? En mis estudios, reuniéndome con psicólogos de Alcohólicos Anónimos, los cuales, padecieron los mismos problemas, se ha comprobado que el mejor resultado es hacer la llamada "Intervención Familiar" para el convencimiento del mismo.

Esto consiste en: Pedir ayuda y orientación de un psicólogo de AA con amplia experiencia. Se le explica bien el caso, esta persona tiene que acceder a ayudar incondicionalmente y así poder reunir a toda la familia afectada. A cada persona se le pide escriba una carta dirigida al enfermo. En 1o. lugar, se le dice cuánto se le quiere. 2o. se le reconocen sus cualidades y valores y 3o. hacerle saber que su situación está afectando a toda la familia. Ya que todos escribieron sus cartas, se cita al psicólogo   y se reúnen todos a esperarlo, cuando se supone él va a llegar. (Seguramente va a sorprender y posiblemente va a negarse a hablar y querrá irse, ahí el psicólogo trata de convencerlo de que se calme, tome asiento y escuche con atención). Cada miembro de la familia empieza a leer su carta y a decirle que por lo mucho que se le quiere, han decidido que él se ayude a sí mismo, que entre a rehabilitación y, para que el tratamiento sea efectivo, él tiene que aceptar por su propia voluntad; o si no, de lo contrario, prefieren no volverse a enterar de su vida y se le suspende toda ayuda monetaria. La mayoría de las veces da resultado y tiene que internarse el tiempo que sea necesario. Ahí entra el convencimiento del psicólogo, diciéndole que todavía hay tiempo que salve su vida. Si él accede, el doctor recomendará el lugar de acuerdo a las posibilidades de la familia; yo sé que es muy duro, pero, para grandes males, grandes remedios. Eso veo yo, es la única solución, un cambio radical y espiritual. Y no se apene al reconocer que este problema existe en su familia, pues no importa nacionalidad, extracto social, o sexo, puede ser una hija, sobrina o nieta. Cuando el alcohol se convierte en una enfermedad incurable y mortal, no discrimina a nadie. Hablo sobre el alcoholismo, pero bien puede tratarse de drogas o neurosis, pues también, vivir con una persona que no controla su carácter puede tener lamentables consecuencias. Pero siempre hay una luz en las tinieblas con grupos como Alcohólicos Anónimos, Alanón, Neuróticos Anónimos o Drogadictos Anónimos. Acérquese a Dios, Él le dará fuerzas para que este intento de rescatar a su ser querido de estas situaciones aberrantes, lleguen a feliz término. No desista, a menudo se ven familias que se dan por vencidas, pero tenga fe y esperanza, yo he vivido muchos casos y este procedimiento lo recomiendo ampliamente.

EL SIDA, ESE TERRIBLE MAL

¿Se ha puesto a pensar que uno de sus hijos se podría contagiar de este terrible mal? Suena espeluznante, ¿verdad?, pero puede ser posible. Una idea generalizada es que solo los homosexuales la pueden contraer. Eso es absolutamente falso. Quizás conocemos a algún joven que murió de Sida y era tan honorable y decente como ninguno.

Cualquier persona puede contagiarse con el VIH. ¿Qué es? El VIH es el virus que causa el Sida. Una persona puede tenerlo en su cuerpo por muchos años y no parecer, ni sentirse enfermo. Antes de que se manifieste, la mayoría de las personas con VIH se ven sanas y se sienten bien.

Poco a poco el VIH provoca que su sistema inmunológico se vaya debilitando y su cuerpo tenga menos resistencia a las enfermedades. El Sida se transmite por la sangre, el semen, los fluidos vaginales y la leche materna. Por eso es tan importante hablar con nuestros hijos abierta y francamente sobre este tema. Se puede contraer Sida teniendo relaciones sexuales (vaginal, anal u oralmente). También lo pueden contraer al compartir jeringas para drogas o agujas para tatuajes que estén contaminadas.

Si una chica está embarazada y tiene VIH, puede trasmitirlo a su bebé antes del nacimiento, durante el parto, o cuando lo amamante. Hay un 50% de probabilidades que no se contagie, pero si es así, será un niño que, al momento de nacer, ya tiene marcada su sentencia de muerte.

No se puede contagiar del Sida por hablar, abrazar, o dar la mano, a una persona con VIH. No lo contraerá por usar el inodoro o tolete, por picaduras de insectos, o por compartir comida o utensilios de cocina de un enfermo. Pueden pasar años antes de que algunos síntomas aparezcan como: sentirse cansados, bajar de peso inexplicablemente, diarreas incontrolables, gripes, tos, fiebres. He visto reportajes y leído sobre cómo muere la gente de Sida y es algo que sobrepasa todo lo imaginable. Es una muerte desgarradora y con mucho sufrimiento, tanto para el que la padece, como para la familia entera.

Si sus hijos tienen su pareja y practican el sexo seguro, felicítese; porque de lo contrario, sí son promiscuos, es decir, andan con fulanita, menganita y zutanita, están arriesgando su vida. No se canse de recomendarles que si tienen relaciones usen un condón (preservativo) de látex y que limiten el número de parejas sexuales, pues también corren el riesgo de contraer otras enfermedades como: Clamidia, Sífilis, Herpes, Vaginitis, o Verrugas genitales, entre otras.

ORGULLO POR NUESTRO IDIOMA

Cuando tomamos la decisión de vivir en los Estados Unidos, entramos a formar parte de un grupo de más de 20 millones de inmigrantes, y orgullosas de nuestro origen, educamos a nuestros hijos en un ambiente típicamente hispano, donde tratamos de que el español sea el idioma habitual. Sin embargo, a través de los años, nos damos cuenta de que muchas personas no logran dominar el inglés y que al contrario, se les olvida el buen español, adoptando una jerga lingüística llamada Spanglish, que es una mezcla inaceptable de ambos idiomas.

Yo en lo personal, he logrado que mis hijos sean perfectos bilingües, ¿Cómo, se preguntará? Muy fácil, solo siga estos sencillos pasos:

1.- No permita que sus niños le hablen, si no es en español y tiene que ser perfecto. Si le hablan en inglés, ¡ignórelos!

2.- Explíqueles que ser bilingües, los convierte en personas superiores, pues muchos de sus amigos, no hablan dos idiomas como ellos.

3.- Que sepan que en EE.UU. y en cualquier lugar del mundo, hablar inglés y español les redituará en mejores empleos y más bien pagados.

4.- Cuando viajen a países hispanos, se sentirán seguros de su español y su autoestima se fortalecerá, pudiendo desenvolverse en cualquier situación.

5.- Hablando y escribiendo español, se pueden comunicar excelentemente con sus abuelos, tíos, primos y eso estrecha los lazos familiares.

6.- Según estadísticas en el año 2025, la persona que en el sur de California no hable español, se verá en graves problemas para conseguir un buen empleo.

7.- Hágales saber que actualmente una gran mayoría de anglosajones, se encuentran estudiando español para ser bilingües.

8.- Usted no se preocupe por el inglés, sus hijos lo aprenderán y practicarán en la escuela y con sus amistades.

9.- Que se graben bien, que siendo de ascendencia latina, y aunque hayan nacido en los EE.UU. correrá sangre latina por sus venas, a través de muchas generaciones, por lo tanto, no deben renegar de su idioma materno.

10.- En los restaurantes, pidan la orden en inglés, pero acostúmbrelos a platicar en español, pues ser bilingües, es señal inequívoca de cultura, en cualquier lugar y situación.

Algunas personas tienen la creencia de que los niños se confunden con el inglés y el español. Eso es falso. En Europa aprenden 3 idiomas a la vez, y en Canadá se habla el inglés y el francés indistintamente.

RELACIONES HUMANAS

Las relaciones humanas son para mí, el arte de saber convivir en armonía con todo tipo de personas de diferentes edades, razas, sexos, religiones, costumbres y niveles sociales. Si pensamos en relaciones, tanto el hombre como la mujer, en esta época, ya deben de quitarse los prejuicios, pensar que todos somos hermanos y que siempre necesitamos los unos de los otros.

El ser humano por naturaleza es sociable y debemos pertenecer y participar en la evolución de este mundo moderno que no tiene límites. ¿De qué le sirve tener grandes conocimientos técnicos, si no sabe convivir y relacionarse? Aristóteles Onassis comentaba: "Prefiero tomarme una copa en el mejor bar, que una botella en la peor cantina", e infinidad de ocasiones rentaba preciosos yates, haciéndose pasar como dueño, para así relacionarse con millonarios, los cuales cautivaba con su maravilloso don de gente.

Muchos hombres confunden la amabilidad con la debilidad y les da miedo mostrar su afecto por temor a ser rechazados, o también, muchos magnates presumidos que creen que su saludo les quita categoría, y al contrario, quedan como pedantes y de poca educación. Otra lacra de la sociedad son los famosos "juniors", hijos de familias ricas que heredaron, sin saber cómo se gana el dinero, pero lo gastan a manos llenas, pocos son los que valen. La mujer, en sus relaciones sociales conquista y en el trabajo es reconocida y aceptada. Al no mostrar timidez, simplemente como dama se le abren las puertas, demostrando su potencialidad para llegar a donde quiere, sin flaquear; desgraciadamente todavía existen hombres que ponen trabas, pues por el hecho de ser mujer, no la dejan subir de puesto, o se toman atribuciones por envidia de que en ciertas oficinas las mujeres tienen mejores puestos que ellos, ese es un machismo tonto que se debe acabar.

Como será, que ya existen leyes, que, si un hombre le falta o se atreve a menospreciar a la mujer, será suspendido o castigado en su trabajo. Por eso la mujer debe aprender a enfrentarse con las malas actitudes de ellos, ya que, si le faltan al respeto, no le tenga miedo, ni sea cobarde, sino él se sale con la suya y eso usted no quiere, al contrario, levantar un acta o acusarlo con el jefe, aquí la ley está con nosotros.

Por eso también recomiendo no intimar con los compañeros, mantener una distancia adecuada para ganarse el respeto y admiración del sexo opuesto, pues las relaciones sentimentales en el trabajo muy pocas veces terminan bien y después será usted la comidilla del día. Los libros de relaciones humanas son muy aconsejables para el bienestar de la sociedad, los hay para todas las edades, para tener buenas relaciones con los padres, los hijos, entre hermanos, en la comunidad, con los vecinos, cómo conservar las amistades, podemos recurrir a ellos para alimentar nuestro espíritu y saber apreciar esta vida que es tan maravillosa, al compartirla con nuestros semejantes.

DIFERENCIAS ENTRE LOS SEXOS

¡Muy cierto! Las mujeres son físicamente más débiles que los hombres, pero, sin embargo, pueden resistir el dolor físico a mayor medida, sienten menos miedo a la muerte, son menos hipocondriacas y no se cuidan tanto. Los hombres viven un promedio de 70 años y las mujeres 75, aunque ellos envejecen más lentamente y pueden reproducirse hasta los 60 y tantos años, en cambio las mujeres, hasta un poco después de los 40. El "sexo fuerte" tiende menos a cambios de temperamento, pero sufren más del corazón. Son más dependientes del "sexo débil" y nos necesitan mucho más, ellos a nosotras, que nosotras a ellos.

La mujer soltera es más feliz y se ajusta mejor a la sociedad que el hombre soltero; las mujeres se muestran más inseguras, pero se realizan más, sobre todo en la época actual, en que las mujeres pueden realizar cualquier trabajo, que en el pasado solo ellos estaban capacitados para hacerlo. Como ves, amiga, en muchos de estos puntos les llevamos ventaja.

Cuando se habla de honor, ellos son más vulnerables, si una hija ha sido deshonrada, su dignidad se ve terriblemente afectada, en cambio la mujer es más comprensiva y perdona más fácilmente. Y podemos dialogar con más tranquilidad, para encontrar la mejor solución. La prueba está, en que los hijos, la mayoría de las veces, recurren a la madre para desahogar sus penas, pedirle consejos o hacerle partícipe de sus logros. Debemos aceptar que las mujeres somos más emocionales, aunque respondemos mejor a una variedad mayor de situaciones difíciles, mientras que ellos se someten y aceptan las inconveniencias del trabajo y de la sociedad en general. Aun así, hay tres veces más suicidios entre los hombres que entre las mujeres. En una crisis, la mujer muestra mayor calma que un hombre, aunque somos famosas por nuestra inestabilidad emocional, resulta muy curioso, que en infinidad de casos verdaderamente alarmantes, nosotras podemos demostrar una mejor actitud. Las mujeres "al borde de un ataque de nervios" felizmente, se ven cada día menos.

Los hombres han demostrado históricamente más logros intelectuales, pero estudios recientes, estadísticamente hablando, nos señalan que los coeficientes mentales se encuentran al mismo nivel. La mujer es más perceptiva y posee ese "sexto sentido" que la hace ser tan intuitivamente femenina. En las separaciones matrimoniales, la mujer demuestra que puede salir adelante con sus hijos, en cambio el hombre, encuentra más obstáculos para hacerlo y eso se ha comprobado en infinidad de ocasiones.

Cuando en un matrimonio la mujer muere antes, el esposo siente que el mundo se le cierra, hasta el manejo de la casa se vuelve problemático, en cambio si él es el que fallece, la señora armándose de valor, encara la realidad, pues emocionalmente es más poderosa.

CONOZCA SUS DERECHOS

Muchas mujeres en este país tienen la mentalidad de los países latinos, donde creen que no vale la mujer y tiene todas las de perder cuando hay una separación o un divorcio. El esposo le hace creer que le puede quitar a los hijos y dejarla en la calle y evitan, por todos los medios, que trabaje para que dependa 100 % de él.

Pues todavía existen muchos hombres machistas. La mujer tiene que ser una buena esposa y madre, hogareña, hasta que sus hijos vayan a la escuela; sin embargo, mientras esto sucede puede estudiar inglés en la escuela de adultos por las noches y dejar a los pequeños a cargo del marido.

También durante el día para no descuidar a sus niños, puede trabajar como niñera en su propio hogar, cuidando 2 ó 3 chicos, conozco señoras que lo hacen y ganan hasta $300.00 dólares semanales, depende de la zona. Otras trabajan en talleres de costura, lo importante es no depender totalmente del marido. Es primordial que conozca muy bien las leyes que la amparan, para que, en el momento dado de una separación, sepa que vive en una época en que se protege mucho a la mujer; no como en el pasado, en que no se nos hacía justicia. Claro, esperamos en Dios, que el matrimonio se base en amor y respeto, pero de no ser así y se llegue a un divorcio salga lo mejor librada.

Que no caigan en el tremendo error de hacerse las dignas y orgullosas; yo he visto casos en que dicen: "De ti no quiero nada, no te necesito, ya veré cómo me las arreglo para mantener a mis hijos" y más tarde, se lamentan, pues ven muy dura la situación. Mientras el esposo, se la pasa feliz, sin obligaciones. ¿Cómo está eso? Si usted no tuvo a sus hijos sola; casada o no, por ley el hombre tiene que seguir manteniéndolos. Consulte a un abogado para que la asesore, las propiedades que tienen pertenecen a los dos.   Si al casarse usted dejó su trabajo, aunque no haya hijos, le debe de pasar una manutención hasta que pueda sostenerse por sí sola.   Y hasta que los chicos cumplan 18 años, él les debe pasar una mensualidad, y si no lo hiciera, estaría en riesgo de ir a la cárcel. Las leyes en este estado, repito, son muy benefactoras para la mujer y los hijos, cosa muy diferente en los países latinos.

Se dice que es mejor un buen arreglo que un mal pleito, si el divorcio es inminente, es muy aconsejable, por el bien de los dos y por la salud mental de los hijos, que la separación ocurra sin problemas y tratar de estar de acuerdo en todo. Por ejemplo, el tiempo que los chicos estarán con el padre o la madre, pues en ocasiones es él quien conserva la patria potestad. El asunto de las escuelas, también se debe tratar.

Las vacaciones, los gastos extras, los permisos, las diversiones, las amistades, hay un sinnúmero de situaciones que deben ser tratadas con la más absoluta madurez, para que una vez divorciados, todos vivan en paz.

DISFRUTE SU DINERO

¿Ha escuchado alguna vez, el dinero es redondo para que ruede? El dinero, dicen, no da la felicidad, pero caray, sirve para comprar todo. Es un tema muy controversial, pero muy versátil. A algunas personas los ha hecho dichosos, a otras los ha hecho miserables, avaros, egoístas, presumidos y sin corazón.

Todos los días debemos decir: "Señor... Que nunca nos falte el dinero. Señor... Que nunca nos sobre." Es verdad que todos soñamos con el premio "gordo" de la lotería, pero cuántas anécdotas hemos oído sobre los nuevos ricos, que desgraciadamente no saben qué hacer con tanto dinero. Hay personas que no saben para qué es y cometen atrocidades espantosas, qué desperdicio, ¿No cree, usted?

Dinero llama a dinero, dicen por ahí. Y efectivamente hay personas que tienen el don de hacer dinero fácilmente, como el Rey Midas, que todo lo que tocaba lo convertía en oro. Pero grandes y reconocidos magnates, ¿han encontrado la verdadera felicidad? Habría que preguntarles, ¿Nos contestarían la verdad? En otros casos, hay personas que acumulan dinero, ahorrando y viviendo miserablemente, como si cuando murieran, se lo pudieran llevar.

En México, conocí a un gran empresario dueño de todas las tiendas Gigante. Le pregunté: ¿Me imagino que es feliz con tanto dinero que gana? Me contestó: "Todo lo daría por tener otra vez juventud". Hay personas que sí comparten y dan caridad a los necesitados, y otras infinitamente pobres,

189

pero quizás más felices que los millonarios en sus mansiones palaciegas. Recuerdo dos casos muy tristes. Una amiga mía enviudó muy joven, con cinco hijos, trabajó arduamente, hasta comprarles casa a cada uno de ellos, vivía muy mal, vestía y comía pésimamente, los hijos ni la visitaban. Murió con bastante dinero en efectivo y después de 5 años de muerta, su tumba ni siquiera cruz tenía. Mi hermana tuvo que comprarle su lápida.

El otro caso, el de mi tío español, tenía un negocio, y trabajaba día y noche, ahorraba hasta el último centavo, mal vivía, ni siquiera coche compró, tenía una bicicleta. Su sueño era volver a Barcelona con su familia. El día de su partida, tuvo un accidente y murió en plena calle. Su equipaje fue mudo testigo de su funeral. Es mejor disponer de lo que uno tiene, sea mucho o poco, evitando así después de muerto, que haya disputas familiares. La mejor manera es viajando, quizás haya algún lugar que siempre ha querido conocer y lo ha ido posponiendo, haga su maleta y adelante, a disfrutar ese dinero que, muchas veces, nos ha costado mucho trabajo ganar. Por eso, es mi consejo, sin llegar a dilapidar, hay que disfrutar en vida lo que no podremos usar en el viaje al más allá. Pues solo nos llevamos los buenos momentos y las buenas obras, no hay que irse con las manos vacías. La caridad redime a la muerte.

ADMINISTRE BIEN LOS GASTOS

No deje que el dinero se le vaya de las manos fácilmente. En estos tiempos de inflación en que vivimos, tenemos que saber por todos los medios, cómo emplear nuestro dinero para estirarlo al máximo. Lo principal es aprender a mantenernos dentro de nuestros medios y obligarnos a tener un presupuesto mensual fijo.

Lo más importante es saber organizarse. La pareja debe estudiar en detalle cuáles son sus planes para el futuro: Una casa, un automóvil, unas vacaciones a un lugar bello que desee conocer, remodelar su casa, etc. y así empezar a ahorrar de acuerdo con ese plan. Después debe determinar cuáles son sus entradas mensuales y calcular los gastos fijos.

Pero primero debe investigar en qué se le va el dinero y cuál es su patrón de gastos, para eso, durante tres meses, mantenga un récord de todos sus gastos diarios. (No lo crea absurdo, vale la pena). Una vez que sepa en qué gasta, establezcan usted y su marido a qué se le dará prioridad. Si a su esposo le gusta este plan, perfecto, pero si no está de acuerdo, usted tiene que ver por sí misma. Más aún, si trabaja y ayuda a los gastos de la casa, nunca se sabe lo que pueda pasar y hay que evitar, si viene algún pleito, que usted esté desamparada económicamente. Recuerde, mujer prevenida vale por dos y así usted y sus hijos estarán debidamente protegidos en el futuro. Si es soltera, también tiene que saber administrarse, ahorre, no porque no tenga una responsabilidad familiar puede usted derrochar. En la actualidad la mujer goza de buenos sueldos y es muy desprendida. Si usted tiene novio, por favor, no le dé regalos costosos, el hombre siente que lo están comprando o comprometiendo, al poco tiempo le pide prestado y no lo vuelve a ver, el hombre que se llama hombre, jamás le pide dinero a su novia.

En esta época, la mujer tiene que protegerse, primero, debe estar enterada de las cuentas del banco, tarjetas de crédito, seguro social, registro y placas de su coche. Pues les ha pasado a mis alumnas que sus maridos mueren en un accidente, se infartan o simplemente desaparecen y no tienen idea de nada y para colmo sin un centavo, ni en efectivo, ni en el banco. Por favor, no sea tonta, esté al tanto de todo y tenga su dinero "guardadito", se sentirá más segura y protegida; además, Dios no lo quiera, una apuración, una enfermedad o un desfalco y tiene de dónde sacar, y así no pedir favores a nadie. Pero eso sí, que no se entere su marido. Ese es su secreto.

Recuerde: "Al hombre ni todo el amor, ni todo el dinero", se lo aconseja su amiga, que tiene amplia experiencia en el asunto. Cuando una mujer tiene una entrada segura de dinero, porque se ha desarrollado profesionalmente, tiene independencia económica y eso se traduce en seguridad personal y un mejor nivel de vida.

LA HERENCIA

Son increíbles las historias que se cuentan sobre las herencias. Familias que se destruyen, se separan, hermanos que se atacan, después de llevarse bien por años, por el maldito dinero y algunos hasta llegan al asesinato.

Si tomamos en cuenta que, de todo nos podemos salvar, menos de la muerte, es muy aconsejable, sea cual fuere su edad, que, si posee bienes, se dé a la tarea de preparar su testamento, y al hijo que le tenga más confianza, nómbrelo 'albacea'. Así evitará que haya pleitos posteriores a su sepelio y la unión familiar no se destruya.

Algunos padres deciden heredar a sus hijos en vida, considero que es el peor error que se puede cometer, pues por desgracia hay muchos hijos convenencieros y, mientras uno tenga dinero, por interés o por amor, vaya usted a saber, tratan bien a los padres. Mi mamá me contaba que un tío suyo decidió heredar en vida a sus hijos, a cada uno le dio una casa, creyendo que él moriría alrededor de los 75 años, pero no fue así, vivió muchos años más. Llegó el momento de necesitar dinero, iba a visitar a sus hijos para pedirles ayuda económica, y le decían: "Lo sentimos papá, pero tenemos muchos compromisos". Murió en el peor de los asilos, pues sus hijos rara vez lo iban a ver, qué tristeza, después de que el tío se pasó la vida trabajando. Hubiera sido preferible que guardara el dinero para su vejez. A los hijos hay que darle educación, tratar de que estudien una carrera, pero no darles dinero para que lo inviertan en negocios, puede que no funcionen bien las cosas y usted perderá sus ahorros. Y si continúan pidiéndole dinero, no le quedará otra alternativa, que pedir consejo al hijo que demuestre más madurez para que le administre sus bienes.

Ahorre para una vejez tranquila, existen seguros médicos para cubrir los gastos en caso de una larga enfermedad, como puede ser diabetes o una embolia. También hay seguros que pagan por una casa de retiro o de convalecencia. Hable con sus hijos, en caso de hospitalización, para que no haya discrepancias entre los hermanos, pues eso también conlleva a muchas dificultades familiares. Usted es la única persona que tiene que decidir, en caso de muerte cerebral, si le gustaría seguir conectada a aparatos o firmar antes para tener un final rápido y digno.

En pleno uso de sus facultades físicas y mentales, haga un inventario de sus bienes, propiedades en bienes raíces, muebles, obras de arte, joyería, automóviles, inclusive mascotas y, primero, mentalmente, distribúyalo entre sus hijos. Considere si se repartirán por partes iguales o no, para después ante un licenciado y notario público se proceda a elaborar y firmar su testamento. Prevéngase, planee el futuro, para que en el momento que pase a mejor vida, sus descendientes no caigan en pleitos y discusiones que solo causaría un mal antecedente familiar, y solo tengan un bello recuerdo de sus padres y acepten que, hasta sus últimos momentos, fueron unos grandes padres, orgullo de las generaciones futuras.

CONSERVE A SUS AMISTADES

La amistad es un regalo precioso de Dios a la humanidad. La que tiene amigas lo tiene todo. Hay personas sin familia, sin dinero, enfermas, pero que cuentan con verdaderas amistades, por eso son inmensamente ricas. Podemos tener muchas conocidas, pero amigas muy pocas, no se encuentran fácilmente. Si usted es una amiga verdadera de sus padres, o de sus hermanos, la felicito, pero es raro, la relación con familia es solo eso, familiar. Cuando uno llega a conocer a alguien, se simpatizan, hay química, y se comprenden puede resultar de eso una amistad invaluable.

Hacer amigas es un don, conservarlas es una gracia, tener amigas es una virtud y ser una amiga es un honor. Me explico... Primero, hay personas que tienen la facilidad de relacionarse y conocen mucha gente. Segundo, cuando existe ya la amistad, conservarla es difícil, porque la vida actual es tan ocupada, que poco tiempo tenemos para socializar. Tercero, ya cuando la amistad perdura, hay que regarla como si fuera una plantita, no descuidarla nunca. Y cuarto, cuando uno ya es considerado como una verdadera amiga, eso es un orgullo.

También dicen que es mejor tener una amiga cerca que una hermana lejos y que las hermanas son amigas obligadas y que las amigas son hermanas escogidas. Hay personas que tienen tan buenas amigas que las pueden considerar como verdaderas hermanas. Ese es el ejemplo de una buena amistad. Una situación sumamente desagradable es que su mejor amiga se relacione sentimentalmente con su esposo, y créame que eso sucede muy a menudo, tenga cuidado, pues perderá a los dos; no me gusta pensar negativamente, pero en "arca abierta, hasta la más justa peca". No permita que intimen, establezca límites.

Porque algo que se pudo haber conservado por años, puede destruirse en segundos. Otra de las causas es el dinero. A veces por la amistad, le piden dinero prestado y cuidado, podría ser la causa de un distanciamiento temporal o la ruptura de una relación maravillosa. Desgraciadamente, he visto infinidad de casos con este absurdo problema, si una persona pide un préstamo es que está endeudada, entonces ¿cómo le va a pagar?

Es preferible negarse, pretextando cualquier excusa, o en su defecto, ayudarla regalándole algo de dinero, aunque sea poco. De otra manera si le presta, y no quiere pagar, inventará mil historias, se negará a recibirla, a hablarle, se esconderá cuando la busque y eso será el fin de la amistad. Si su novio o amante, le pide prestado, es señal inequívoca de que no le conviene, y si le da el dinero, será el principio del fin. Pues primero le pedirá, pero posteriormente le exigirá más y más. Y usted se quedará sin amor y sin dinero. Ahora, si es usted la que pide prestado a una amiga, cumpla con el pago, y si no puede, dé la cara y hagan un convenio, dando abonos fáciles, así conservará la amistad, y otro día que tenga un apuro, las puertas las tendrá abiertas.

COMO MANEJAR LAS EMOCIONES

Toda persona desde la más corta edad experimenta emociones. En mi opinión, creo que las mujeres tenemos más sensibilidad que los hombres. A nosotras nos emociona recordar nuestros juegos infantiles, cuando sentimos el romanticismo por primera vez, nuestro primer beso, cuando pensábamos: ¿Llegará a ser mi novio? ¿Nos casaremos? Tantas emociones positivas: La alegría, el entusiasmo, la curiosidad, la aventura, el amor, y no debemos caer en las emociones negativas: El odio, el rencor, el miedo, la indecisión, la angustia, la ansiedad. Lo importante es que usted sepa controlar las emociones, sobre todo las que afectan a nuestra personalidad. Se dice que el amor es ciego y enamoradas nos dejamos impresionar y fácil confiamos, sin pensar en las consecuencias que trae consigo ese amor, que posiblemente no es el que busca, ni le ofrece lo que usted desea y se merece, ahí es cuando uno debe saber manejar, controlar y dirigir las emociones adecuadamente. No hay que dejar que nuestros sentimientos nos controlen, ya que un amor malsano puede llevarnos a cometer grandes errores; si sabemos que no nos conviene, con fuerza de voluntad y ayuda de Dios hay que alejarnos, ya que Él dijo: "No cometas algo de lo que tengas que arrepentirte después". Porque una vez arrastradas por las emociones, somos esclavas de ellas y no nos dejarán conducirnos con éxito en la vida. Eso tampoco quiere decir que nos comportemos como robots, siendo frías y calculadoras, pero sí poner los pies sobre la tierra, buscar el equilibrio al conocer más a la persona a la cual vamos a entregar nuestro amor, porque si una relación no funciona y debemos terminar, muchas veces es demasiado tarde y el amor y las emociones nos dominan. Un consejo, cuando sienta una emoción que se puede convertir en amor, no se deje guiar por lo que él le diga, entérese bien en dónde trabaja, en donde vive y con quién, desgraciadamente muchos hombres mienten, por eso no hay que ser tan confiada. Usted vale mucho y no se merece sufrir por alguien que no vale la pena. Conozco a muchas mujeres que se entregan y a veces ni siquiera saben su nombre, por eso se desvalorizan ellas mismas, es tanto su deseo de ser amadas, que creen que ese es el camino para conquistar y después se arrepienten, pues por eso a algunas las tratan como basura y consecuentemente viene la baja estima y la depresión femenina. Dese a valer, dese a desear, en una palabra, dese categoría, y si él se lo merece, entréguele su amor. Cuando un hombre y una mujer se conocen bien, sin falsedades o hipocresías, son amigos antes que amantes, y muy probablemente, si se da la relación amorosa, tendrán una vida en común muy placentera y colmada de detalles espontáneamente bellos y significativos. Pues eso es precisamente lo que hace que una larga relación funcione, los detallitos. Un beso inesperado, una notita de amor, una llamada para decir: "te quiero", un desayuno en la cama, flores y velas para la cena, en fin, use su imaginación y su creatividad.

LA SOLEDAD

Según las estadísticas, en la mayoría de las parejas, el hombre muere antes que la mujer, así que debemos prepararnos para cuando estemos solas. A muchas personas les aterroriza la soledad, pero se ha dicho que la soledad de dos, en compañía, es la más terrible de las soledades.

Esta soledad proviene de sentirse ignorada, insignificante, y este sentimiento es terriblemente cruel, el cual no debemos permitir, preferiblemente mil veces, estar sola. Y recuerde siempre nos acompaña Dios, El que habita en nosotros y que al buscar compañía encontramos, que la felicidad y la tranquilidad viene de adentro. Si no existiera esa soledad, que es cuando nos comunicamos con el Ser Supremo, no existiría en el mundo tanta belleza.

Pues de esa comunicación viene la inspiración por la pintura, la escultura, la poesía y la literatura. La creatividad es una concentración con nosotros mismos y eso solo se realiza en la paz de la soledad, aprovéchela.

Existen conventos en que las monjas, una vez que se ordenan, jamás vuelven a la vida mundana. Disfrutan, aprecian y aprenden a amar la soledad. Han aprendido a estar a solas consigo mismas, tratan de disfrutar de su yo interior, practican la meditación y eso les ayuda mucho a encontrar la paz espiritual.

Sabemos de personas que cuando se encuentran solas en casa, tienen que prender el radio o el televisor, necesitan saberse acompañadas, aunque sea por aparatos eléctricos. No han aprendido a estar solas consigo mismas, trate de disfrutar de su yo interior, de sentarse a meditar, eso ayuda mucho a encontrar la paz espiritual. La mujer en esta época ya no se debe encerrar, tiene que aprender a relacionarse, a viajar, a ir al cine sola, a frecuentar clubs que existen para solteros, viudos o divorciados y ¿por qué no? a trabajar o donar su tiempo en hospitales, escuelas, haciendo labores, ayudando a los necesitados, piense que la están esperando. Se necesitan mujeres como usted, pues la persona que ayuda a los que están abandonados por sus familias, recibirá toda clase de bendiciones. Tenemos que abrir las puertas de nuestro corazón al que todo lo da y todo lo puede, a nuestro padre y amigo, a nuestro buen Dios, y recuerde sus palabras: "¡Ayúdate, que yo te ayudaré!". Pero si le tiene terror a la soledad, puede irse a vivir independientemente, pero rodeada de personas de la tercera edad, hay lugares especializados, se les llama "casas de retiro", se vive como en un club o en una casa de huéspedes. Muchas mujeres prefieren eso, que vivir con sus hijos casados, pues a muchas las usan solo para limpiar, cocinar o cuidar a los nietos, y aunque muchas reciben su pensión, aun así, las tratan mal. No quiero generalizar, pues hay hijos maravillosos, que tratan a sus madres como verdaderas reinas.

EL PODER DE LA MENTE

El poder de la mente es tan grande que puede enfermarnos o curarnos a voluntad. Si usted desecha el fracaso, si espera de la vida lo mejor, es muy posible que vea realizados sus más caros anhelos. Muchas autoridades y eminencias médicas creen ahora que envejecemos, porque nos entregamos a la idea de envejecer. ¿Cuántos jóvenes parecen viejos y cuántos viejos parecen jóvenes? No son los años los que nos envejecen, sino los hechos y nuestra forma de reaccionar emotivamente a ellos.

Fue Goethe quien dijo aquello de que el hombre vivía mientras tenía un trabajo o una misión que cumplir. Él fue un ejemplo de su propia teoría, empezó a escribir Fausto, su obra maestra, a los 24 años y escribió la última línea a los 53. Murió a los 82, sin verlo impreso, pero supo que su obra estaba terminada.

Las limitaciones nacen, se multiplican, crecen y mueren en la mente. Se vuelven parte de su personalidad y usted se convierte en una conformista, pensará que nunca encontrará al ser amado, que le será imposible hacer una carrera universitaria, o que nunca podrá llevarse bien con su madre. Si eso es lo que usted cree, eso será. Si aprende a desechar las limitaciones, inmediatamente se notará un cambio en su vida y comenzará realmente a disfrutar de la vida, así usted empezará a ser la diseñadora de su propio destino. Como decía mi padre: "Para superar y realizar nuestros ideales, de uno depende, y para lograr metas, hay que tener: Fuerza de voluntad, fe, conocimiento y entusiasmo". Estas son las palabras que les digo a mis alumnas: "No decaigan, que eso nos puede llevar a la depresión y a la locura, de nosotras mismas depende si queremos estar atadas o liberadas. Nada más hay que decir:

¡Hasta aquí! Yo recuerdo cuando dije un ¡YA BASTA! y la vida cambió para mí. Si realmente la vida que está viviendo, usted cree que no se la merece, propóngase a dar un cambio. ¡Yo la ayudo! Si está creando un proyecto y ya lo abandonó, trate de terminarlo".

A Dios le agradan las personas que no se dan por vencidas, las que luchan, las que no permiten malos tratos, humillaciones y abusos, ya que pueden ser físicos, verbales, emocionales o mentales. ¡Usted puede y debe ser la arquitecta de su propia vida! No escuche a nadie que quiera convencerla de lo contrario, gente negativa, que, a cualquier empresa, la consideran peligrosa, siempre atrayendo a la mala suerte, sin ninguna esperanza en el futuro. Trate por lo menos una vez a la semana de hacer algo inusual y comience por decir: "Si se puede, creo que puedo, claro que puedo". Se maravillará de los resultados, amiga mía.

LA TERCERA EDAD

Le llaman la tercera edad o la última etapa, yo le llamo la "Edad de Oro", pues la mujer llega a cierta edad en que ha logrado llevar su vida hasta el punto en que reúne su experiencia, su sabiduría y sus recuerdos. Una etapa de calma y reflexión.

Pero todo depende de nuestro entusiasmo y de aprender a aceptar y salir adelante de los problemas que toda la vida hemos tenido, pero que ahora los enfrentamos mejor, gracias a las enseñanzas de la vida. Hay algunas personas que creen que esta vida es solo para gozarla y se dejan llevar por la vanidad, por el egoísmo y el brillo de la vida fácil, pero tarde o temprano la vida se cobra, por un lado, el remordimiento de conciencia y por otro puede ser con enfermedad o soledad, pues es triste llegar a la vejez sola y enferma.

Se ha dicho que la edad está en nuestra mente, no en nuestro cuerpo. Me imagino que usted ha de haber conocido jóvenes que actúan como ancianos, tristes, acomplejados, inconformes, que buscan pretextos para no salir, viven como ermitaños. Mi tía Sofía es un ejemplo palpable, murió a los 92 años, tuvo 10 hijos, vio morir a 6 de ellos, sufrió muchísimo, pero no se abandonó a la pena. Duró casada 30 años y me decía: "No me divorcié, porque no se usaba, pero fue terriblemente celoso". Cuando murió su esposo, a los 6 días le dijo a sus hijos: -"Ya me voy al cine, -pero mamá, se acaba de morir mi papá, contestó

-¿para quiénes se hicieron? las diversiones, para los tristes o los contentos para los tristes, mamá-pues estoy triste, ya me voy al cine. Después vendió todo, y se fue sola a Nueva York.

Compró ropa y cuando regresó a México abrió una boutique, trabajó mucho, pero muy a gusto, vivía sola y disfrutaba su soledad, no permitió que sus hijos la mandaran. Ella fue la que me insistía que me viniera a vivir a los E.U., me decía: "Ahí sí vale la mujer", y tenía razón, se lo agradezco. A los 80 años se retiró de su negocio y vivió feliz con sus hijos, que la adoraban, por su buen carácter y sus ganas de vivir. Hoy sus familiares, hijos, nietos, bisnietos y tataranietos la recordamos como mujer admirable ¡Siga su ejemplo! Yo admiro a las mujeres de edad aquí en E.U., asisten a gimnasios, a bailes, a clubs y trabajan hasta edad avanzada o prestan servicios voluntarios en hospitales o casas de convalecencia. Muchas de ellas, se maquillan demasiado y se visten muy extravagantemente, aunque se vean un poco ridículas, pero eso es preferible, a ver a muchas mujeres de nuestros países, que dan la impresión de tristes y resignadas. También es muy importante la impresión que damos a nuestros nietos, pues cuidando nuestra imagen, nos recordarán como unas lindas abuelitas, alegres y optimistas, que les abrimos nuestro corazón, para darles sabios consejos sobre la vida.

ORGULLO O DIGNIDAD

Tener orgullo o dignidad es una cualidad, pero también en ciertos casos puede ser una tontería, porque puede uno perderse de momentos maravillosos en la vida, y más cuando se trata del amor. Yo como doctora de problemas humanos, mis alumnas u oyentes en el radio me han confiado sus situaciones, y dependiendo del problema les he dicho: "Quítate ese orgullo tonto, ve, aclara, ten valor y si tú cometiste la falta, pide perdón; puedes escribir una carta o llamarle, abre tu corazón, lucha por el hombre que amas, antes de que sea demasiado tarde. Si te acepta bien, qué maravilla; si te dice que no, te quedas igual, pero más tranquila, porque luchaste y ya sabes a qué atenerte, y así te quitarás la duda y esa incertidumbre que mata".

Miles de personas viven pensando en la frase: "Si yo hubiera" ¿No la ha dicho usted alguna vez? Solo necesitamos un poco de decisión, valor, coraje y dejarnos llevar por el impulso natural de toda mujer enamorada.

Recuerdo bien a mi amiga Magda, estaba yo casada y vivía en México, y una tarde ella me vino a visitar de la ciudad de Puebla. Me comentó que no se había casado y le pregunté qué pasaba con su relación con Jaime, puesto que se amaban tanto. Me contestó: "Sra. Elsa, me siento terrible, terminamos por una tontería, hace más de dos años que no lo veo y me acabo de enterar de que se casa en un mes con una chica de la alta sociedad de Puebla, sus padres están encantados". Le contesté: "Pero todavía no se ha casado y es el amor de tu vida; dame su teléfono, vamos a saludarlo. "Estás loca", me dijo. No le hice caso, me contestó él, me identifiqué, le hice recordar gratos momentos y le dije: "Aquí está Magda", se sorprendió muchísimo, hablaron largo rato y al colgar dijo: "Viene para acá". Dos meses después se casaron, tienen 3 hijos y han sido muy felices.

La felicidad hay que buscarla, el orgullo es una tontería. Como este caso hay muchos más, pero cuando el amor es verdadero, triunfa ante la adversidad. Hay ocasiones que, entre la relación de la pareja, intervienen terceras personas, y lo que debería ser color de rosa, se convierte en algo triste y obscuro.

El caso más común es la infidelidad. El matrimonio va por buen camino y de pronto aparece otra mujer, una sinvergüenza, por supuesto. La esposa decide divorciarse porque su orgullo ha sido herido y se siente tan digna que no puede soportar esa situación. ¡Cuidado, amiga! Piense serenamente, tantos años juntos para dejarle la mesa puesta a una mujerzuela. ¡Por supuesto que no! Si se separan, usted y sus hijos van a tener graves problemas económicos, mientras ellos se divierten. Ahí es cuando el orgullo y la dignidad estorban. Con mucha inteligencia y paciencia, dele tiempo al tiempo, haga usted su vida, con nuevas amistades y proyectos interesantes y déjele a él que siga proveyendo lo necesario en la casa. Le aseguro que usted finalmente saldrá ganando, cuando el amor se acaba en un matrimonio es aconsejable empezar a verlo como un buen negocio.

LA VERDADERA FELICIDAD

Todos buscamos ser felices de una forma u otra, porque sin esa ilusión la vida no tendría razón para vivirla. Se dice que la fuente de felicidad está en uno mismo, el hombre la ha buscado por diferentes caminos, en el amor, en la fama, en el poder, en la religión.

Se han escrito libros sobre este tema, filósofos, poetas, sacerdotes, predicadores y todos están de acuerdo de que, si no poseemos un sentimiento de paz interior, no habrá ni éxito material, ni placeres, ni posesiones que nos den la felicidad. Muchas veces tenemos en la mano la felicidad y la dejamos ir por cobardes, por no aclarar una situación, por no disculparnos ante el que hemos ofendido, porque nos importa mucho el qué dirán, o por guiarnos por consejos que no están de acuerdo a nuestra voluntad. Para mí la felicidad, creo, significa disfrutar momentos especiales, haciendo lo que nos gusta, sin lastimar a nadie en particular. Otros tendrán otra idea diferente a la mía.

La fuente de la felicidad está en uno mismo. Empieza hoy a beber de ella, a compartirla, no esperes a que ya no esté en tus manos. Puede ser que no te des cuenta, pero está ahí, solo tienes que tomarla. La felicidad no es un lugar a donde se quiere llegar, es el conjunto de momentos felices, que nosotras mismas nos debemos proporcionar. En las acciones diarias, efectuándolas con amor, estaremos plantando, poco a poco, la semilla de la armonía, la paz y la dicha, lo cual al cosechar los frutos se convertirá en felicidad. Una historia cuenta cómo un niño veía diariamente a lo lejos una casita con ventanas relucientes de oro, ilusionado sale en su búsqueda, pero no puede encontrarla. Finalmente le pregunta a otro pequeño en dónde queda la "casa de las ventanas de oro" y el niño, sin dudarlo, apunta a lo lejos, señalando precisamente la casa de donde venía el curioso niño. La búsqueda de la felicidad empieza desde la infancia y decimos: "Cuando tenga una muñeca, cuando tenga novio, cuando me case, cuando sea madre, cuando crezcan mis hijos, cuando me divorcie, cuando sea abuelita y al fin de cuentas, cuando me muera."

La felicidad también es esperanza. Recuerdo una historia verídica de una joven que el día de su boda, estando ya en la iglesia, a las 12 del día, para celebrar su matrimonio, el novio no se presentó. Esperaron mucho y finalmente los invitados empezaron a marcharse, una vez en su casa, salió al balcón y esperó a su amado hasta las 5 de la tarde, hora de su cita diaria. Después como un rayo de luz en su tristeza, se quitó el vestido, la corona y el velo y dijo: "Mañana vendrá". Colgó el vestido frente al balcón y se durmió. Pasó el tiempo y ella todos los días, a la misma hora, en el balcón, esperó el regreso de su amado y él nunca llegó, pero ella fiel a su locura de amor decía: "Mañana vendrá".

Su ilusión nunca murió y ella era feliz todos los días, hasta que caía la tarde y volvía a tener fe para el día siguiente. Encontró la felicidad en un sueño imposible.

HAY QUE SABER PERDONAR

Hombres y mujeres debemos buscar la paz interior, que realmente es la que da la completa felicidad, no el dinero. Desde épocas muy remotas, el hombre ha estado interesado en su alma. Los hombres primitivos creían que un espíritu animaba cada cosa de la naturaleza: Animales, océanos, montañas y ríos. Pensaban que cuando estaban dormidos el alma andaba vagando, pero cuando morían el alma los abandonaba para siempre.

Lo más importante es que pienses en la existencia del alma, que estaba ligada a la conciencia, que dicta nuestros actos y, aunque queramos olvidar el mal que hicimos, nuestra conciencia está ahí y nos recuerda nuestras acciones, más las malas que las buenas. Le recomiendo, si es que desea tener una personalidad sana, sea humilde con las personas que ha ofendido y pida disculpas. Sabía usted que... "Una disculpa es el pegamento más fuerte del mundo, porque une todo de nuevo." Que bello, ¿verdad? Poder vivir sin rencores.

Y si usted es la ofendida y no puede perdonar, trate de hacerlo. Hay que dejar el orgullo a un lado, ahora mismo, llámele a esa persona y ábrale su corazón, dígale cuanto la quiere y la necesita. Probablemente, no quiera hablar con usted, en ese caso, escriba una carta y usted se sentirá libre de un sentimiento que le estaba haciendo daño, mucho daño. Si es con sus padres, perdónelos, algo les habrá orillado a actuar de esa manera. Si es su marido, siéntese a hablar con él y recuérdele que existe un compromiso entre los dos, ante la vida y ante los hijos. Si es con su suegra, le conviene tratarla bien, para poder vivir en paz y con tranquilidad. Con amigos, con los vecinos, piense que Dios nuestro Señor, nos enseñó a perdonar. Hay esposas que perdonan y regresan con el marido, pero cada vez que pueden, le echan en cara su error, una y otra vez, vuelven al pasado y sufren y hacen sufrir a su cónyuge. Existen señoras que insisten en recordar que el hombre les fue infiel con su secretaria hace más de 15 años.

Eso lastima a la relación y no deja cicatrizar la herida que debería estar curada muchísimo tiempo atrás. Si usted es de esas personas que perdonan a medias, mejor sepárese de su esposo, tenga el valor y la compasión y dele la oportunidad de vivir una vida mejor. Eso no, ¿verdad? Pues entonces acéptelo sin rencores, que Dios nunca dijo que perdonaba a medias. Perdonar es saldar una cuenta, es dar por terminado un adeudo, es borrón y cuenta nueva. Los rencores archivados en nuestra mente enferman el alma y el espíritu. Cuántas familias sufren por resentimiento, cuántos días de felicidad desperdiciamos cuando no hemos perdonado a un ser querido. Repito, si no se atreve a verlos cara a cara, una carta de perdón y todo olvidado.

REVIVA LOS BUENOS MOMENTOS

Cuando necesité amor, recuerde los tiempos pasados, reviva las experiencias de afecto, de ternura, acuérdese de los besos, de las caricias y de lo que le ha causado alegría. Recuerde los paisajes que ha disfrutado, las puestas de sol y los amaneceres que ha presenciado, las olas del mar, la arena, las aves, las bellas flores y sus colores. De las bellezas de las praderas, el misterio de los animales en las selvas.

Nosotras manejamos nuestra mente, si el cielo está gris, recuerde el sol radiante de ayer. Cuando sienta dolor, recuerde los momentos en que se ha sentido maravillosamente bien. Aprecie lo que tiene, las bendiciones que Dios le ha dado. Deseche los recuerdos tristes y dolorosos, no se lastime más, piense en lo bueno, en lo bello y verdadero. Disfrute de la paz que ya ha conocido antes, piense y reviva la armonía con su prójimo. Cuente su vida por las sonrisas, no por las lágrimas.

Piense que es usted extremadamente rica, ¿En cuánto vendería sus ojos? Ciérrelos por un momento y será millonaria cuando los abra. Y así puede poner en venta cualquier parte de su cuerpo. ¿Verdad que no lo haría? Pues créame que es usted una criatura privilegiada.

Viva el día de hoy intensamente, con alegría y dele gracias a Dios por estar viva. Si lo tenemos a Él, lo tenemos todo. Santa Teresa de Jesús decía: "Fuera la tristeza y la melancolía, solo quiero alegría". Ahí en su mente están todas las imágenes y solo usted decide cuáles son las que a de volver a mirar. Todas nosotras tenemos momentos que recordar, pero para alimentar nuestro espíritu, debemos de detenernos en los buenos y satisfactorios, eso nos hace que, si estamos tristes y melancólicos, y que pensamos que la vida no valió la pena, hacer conciencia de lo positivo y apreciarla.

Vamos a programar nuestra mente como una computadora que recorre nuestros buenos momentos y aleja los malos, sin embargo, tienen algo de bueno, porque si se los ofrecemos a Dios, tienen muchos méritos en nuestra vida. Cuando la tristeza invada su alma, cuente sus alegrías. Cuente su jardín por las flores, no por las hojas caídas. Cuente sus días armoniosos, no los desdichados. Cuente las noches por las estrellas, no por la penumbra.

Cuente su vida por las sonrisas, no por las lágrimas. Y en su cumpleaños, cuente su edad por sus bendiciones, por sus amigos, por sus gratas experiencias, no por los calendarios.

TÚ DECIDES

Dios nos dio libre albedrío para elegir entre el bien y el mal, nos dio conciencia de nuestros actos y dejó los 10 Mandamientos para seguir sus leyes y así lograr el camino hacia Él. Hemos comprobado que, con la fe, orando y meditando, logramos tranquilizar los dolores y penas, y también hemos visto milagros que se reciben poniendo nuestra vida en sus manos. Pero con ese albedrío que nos dio: Tú decides... Darle alegría o tristeza a tu vida. Tú decides... Verte bien presentada o desarreglada. Tú decides... Ser positiva o verlo todo negativamente. Tú decides... Ser una persona obesa, alimentando tu cuerpo sin control, inclusive enfermándolo con cigarros, alcohol o drogas, o decides comer saludablemente para sentirte bien y lucir mejor figura, practicando deportes o ejercitándote regularmente. Tú decides... Dejarte llevar por el aburrimiento, la apatía, la flojera, el mal carácter y vegetar, o decides ocupar tu tiempo en el estudio, trabajo, en tus ideales o tus metas.   Tú decides... Escoger amistades que te perjudican, que te depriman, o te inducen al mal comportamiento, o decides relacionarte con personas que te respeten, te orienten, te den oportunidad de crecer, sin envidias y te ofrezcan el verdadero amor.

Tú decides... Alimentar ese complejo de inferioridad con timidez, miedos, falta de carácter, aceptando que te manipulen e importándote "el qué dirán", o decides tener valor para enfrentarte a las malas actitudes, a que te usen, te limiten, te afecten emocionalmente y decides decir: "Basta ya" y así la vida cambiará para ti. Tú decides temerles a los cambios, aun sabiendo que, si no lo haces, la vida te seguirá ofreciendo lo mismo, consumiéndote, creyendo que te mereces ese sufrimiento, sin comprender que eres tú misma la que lo provoca, por débil y mediocre, o decides tomar decisiones, ver por ti primero, manejar tu vida. Dios dijo: "Ayúdate que yo te ayudaré", respetándote, no aceptando lo que no está de acuerdo a tu voluntad, pues Dios Todopoderoso ayuda más a los fuertes que a los débiles.

Tú decides. Vivir por años en el mismo lugar, la misma casa, el mismo ambiente o decides explorar nuevos lugares, nuevo hogar, nuevas amistades, nuevos paisajes, el mundo es grande, lleno de aventuras y sorpresas. Tú decides... Seguir viviendo con rencores, remordimientos, lastimando y abusando de los demás, juzgando, criticando, mintiendo, defraudando al prójimo, o decides reconocer tus faltas, aprender a pedir perdón, a perdonar, a no humillar, a dar la cara, tener valor y aceptar nuestras fallas, buscar la paz de la conciencia, ser caritativo. En una palabra, tú solo tú, decides tu camino, preparándote para el día que termine tu misión en esta vida, y si hay vida eterna no llegues con las manos vacías.

ACERCA DE LA AUTORA

Elsa O'Farrill

CONFERENCISTA INTERNACIONAL

Exitosa conferencista, comunicadora, escritora, experta en liberar el poder personal y profesional de la mujer. Reconocida por su carisma, genuino interés en las vidas de sus alumnas. Elsa tiene una gran facilidad para llegar al corazón de las mujeres que la han seguido a lo largo de 35 años de carrera profesional. Elsa ha podido realizar esta misión mediante sus conferencias, seminarios, programas de radio y televisión. Elsa habla con una deliciosa mezcla de ingenio y sabiduría, despierta el deseo de crecer y brinda a su audiencia ideas prácticas de cómo ser, hacer y tener más felicidad. La misión de Elsa es inspirar y motivar a la mujer a luchar por un futuro mejor, creando mujeres felices, elevando su autoestima y al mismo tiempo desarrollando su efectividad.

Sus libros hablan por sí mismos de su conocimiento y experiencia, esto le ha permitido ayudar a obtener lo que desean y merecen en su vida personal y negocio. Las contribuciones de Elsa han sido reconocidas por prestigiosas empresas y organizaciones sociales, tanto en Estados Unidos como en México. Elsa O'Farrill, desea ser la inspiración y la motivación de la mujer latina, aportando su tiempo, su energía, y su talento, para continuar con el legado de su madre Margarita O'Farrill.

Margarita O'Farrill

1928 - 2010

Nació el 1 de Septiembre de 1928, en la ciudad de Puebla México, de origen Irlandés y español.

CIUDAD DE MÉXICO 1960

Margarita O'Farrill durante siete años fue una de las modelos y locutoras más destacadas y reconocida de México, con 17 programas de televisión en vivo semanalmente, para Telesistema Mexicano (Televisa México.) Modelo de alta costura en exhibiciones de modas, durante 7 años con los mejores diseñadores de México y Europa. Fundadora de la primera escuela de Personalidad y Belleza "Margarita O'Farrill" en la ciudad de México.

LOS ANGELES-CALIFORNIA 1965 - 1986

Programa de radio una hora en Radio-KALI titulado "De Mujer a Mujer durante 20 años, se convierte en el programa con mayor rating de todo California. Fundadora de las Escuelas de Belleza, Personalidad "Margarita O'Farrill" habiendo graduado a la fecha a más de cien mil alumnas a la fecha, de todas las edades y niveles sociales. Llegando a contar con 5 escuelas; Centro de Los Ángeles, Norwalk, Este de los Ángeles, San Fernando Valley y Montebello. Efectuando bailes de Graduación en diferentes Hoteles de lujo de Los Ángeles como; Hotel Biltmore, Century Plaza Hotel, Beverly Wilshire, Music Center.

Escritora de sección dominical "Personalidad y Elegancia" en el periódico "La Opinión" durante 20 años. Lanzamiento de la línea de cosméticos "Los Esenciales Margarita O'Farrill, cosméticos para el cuidado de la piel. Publicación de su libro "Tus Poemas Mujer" inspirado por la carta de miles de mujeres oyentes del programa de radio y sus cursos de personalidad, la convirtieron en doctora corazón de Los Ángeles. Conductora y productora de su propio programa "Desde Hollywood el Show de Margarita O'Farrill" en KMEX canal 34. Lanzamiento de 5 libros en audio-cassette (La Superación de la Mujer en su; Personalidad, Belleza, Etiqueta y Trabajo)

CIUDAD DE MÉXICO 1986 - 2010

Estableció 4 escuelas de Personalidad en la ciudad de México en las colonias; San Ángel, Nápoles, Lindavista y Satélite. Así como impartiendo seminarios y cursos de Superación Personal a nivel ejecutivo y empresarial a compañías como; Banamex, Liverpool, Sears, Suburbia, Bancomer. Conductora de un programa diario de una hora en Radio Acir y en la "W" entrevistando importantes personalidades, en el programa "Del Fracaso al Éxito". Por su gran labor en pro de la mujer latina ha recibido numerosos reconocimientos, que son largos de enumerar, por mencionar algunos: trofeo: mejor modelo del año. Trofeo: mejor locutora del año. Placa de la ciudad de Los Ángeles otorgado por el gobernador Ronald Reagan por el apoyo a la mujer latina. Placa: por su apoyo a la campaña presidencial de Jimmy Carter a la presidencia de los Estados

Unidos. Placa del mayor de Los Ángeles Sam Yorty. Reconocimiento; Mujer Distinguida de Puebla. 1928 - 2010 FALLECE PIONERA DE RADIO MARGARITA O'FARRILL

Mayor Antonio Villaraigosa, hace entrega a los hijos de Margarita O'Farrill una placa por su larga e incansable trayectoria en la educación y formación de la comunidad latina en California.

OPINIONES ACERCA DEL LIBRO

El libro Mujer 101 Mensajes para Superarte y Ser Feliz es un manual indispensable para la superación personal de la mujer en todos sus aspectos. Creo que no debería faltar en las manos de toda mujer que quiera abrir los ojos para salir de situaciones aparentemente insuperables que la martirizan y que acaso cree que nunca podrá salir de ellas. No solo salir de ellas, sino que puede hallar una nueva forma de vivir nunca antes imaginada que traerá beneficios para sí misma y en consecuencia para sus seres queridos que la rodean.

Víctor Vélez

Arqueólogo

Son pocas las personas que se preocupan por el mejoramiento personal de los demás. Cada quien se preocupa por su propia superación, a su manera. Pero Elsa y Margarita O'Farrill con su obra. 'Mujer, 101 Mensajes para Superarte y ser Feliz" nos demuestra preocuparse por el mejoramiento de la vida de otras personas, quienes lean, y con loable altruismo cubre una extensa gama de temas constructivos y reconstructivos de la mujer.

Ángel De León

Publicista

La fluidez del lenguaje con que Elsa y Margarita O'Farrill exponen temas tan interesados como humanos en su libro 'Mujer 101 Mensajes para Superarte y Ser Feliz', nos dice que en palabras del dominio general puede encerrarse un tesoro de enseñanzas; y en el caso de esta obra, enseñanzas enfocadas a la mujer, que tantas veces es víctima de abuso en diferentes formas y víctima de su propio desconocimiento del método que puede llevarla a escalar esa cúspide tan merecida que tiene, tanto o más merecida que el hombre, dado a su papel de hija, esposa, madre, ama de casa, empleada... ¡y cuantas veces es padre y madre por irresponsabilidad del 'esposo'!

Adán F. Amansar

Tipógrafo y Corrector de Pruebas

www.ingramcontent.com/pod-product-compliance
Lightning Source LLC
Chambersburg PA
CBHW051824090426
42736CB00011B/1632